Reisefreundschaften von unterwegs

10 Abenteuergeschichten von Begegnungen, Vertrauen & Mut auf Reisen

Herausgegeben von

Carla Vollert

www.backpack-stories.de

1. Auflage 2020
Backpack Stories

Reisefreundschaften von unterwegs

10 Abenteuergeschichten von Begegnungen,
Vertrauen & Mut auf Reisen

Maybachstr. 102, 50670 Köln, Deutschland
carla@backpack-stories.de
www.backpack-stories.de

Lektorat: Management Support - Jean Bernsee
Umschlaggestaltung: Malena Harig | www.malena-harig.de
Coverbild: Helena Lopes | www.pexels.com

Bilder: alle Bilder dieses Buches sind privat und mit freundlicher Genehmigung der Urheber

ISBN: 9798656915090

Dieses Buch ist für Neela

Auf dass du mit deiner wundervollen Art
weiterhin so neugierig durch die Welt gehst
und vielen großartigen Menschen begegnest,
die dein Leben bereichern!

BACKPACK STORIES

Vorwort 6

Eine Reise ohne Plan – 8
mein erstes Mal per Anhalter in Finnland
• Malte Stolpe

Durch den Süden Afrikas 22
• Tine Wekenborg

Gastfreundschaft in Kanada: ein Camper, zwei 40
fremde Familien und ganz viel Arbeit
• Lisa König

Herzbeflügelt – Über Umwege zurück in die Welt 56
• Melanie Stählker

Hitchhikers Heaven 68
• Steffi Vanderfu

Patagonien – 84
Wenn dein Herz zu deinem Kompass wird
• Alicia Bayer

Hellsehen in Oldedalen 104
• Theo Schmitz

Worst Stories – Wie ein Unfall auf der Death Road 118
in Bolivien meine Reise fast beendete
• Jessica Müller

Von Nächstenliebe und dem Vertrauen in das Leben 136
– Eine Geschichte aus Pakistan
• Sina Bohsung

Wenn aus Fremden Freunde werden 150
• Carla Vollert

VORWORT

Wie oft bist du schon Menschen auf Reisen begegnet, bei denen du dir dachtest: „Danke, dass du in mein Leben getreten bist!“

Sei es, weil ihr ein sehr wertvolles Gespräch geführt habt, sie dich im Dschungel der Großstadt zum richtigen Ort geführt haben oder weil daraus eine wahre Freundschaft entstanden ist. Begegnungen mit Fremden, können unser Leben und Denken nachhaltig verändern.

Ich wünsche dir, dass du immer mit offenem Herzen durch die Welt gehst, die besonderen Momente wahrnimmst und dich bereichern lässt.

Diese 10 Abenteuergeschichten sollen ein Beispiel dafür sein, was auf dich wartet, wenn du dich traust loszugehen und dich darauf einlässt. Dieses Buch ist eines aus der *Backpack Stories*-Buchreihe. Auch in den anderen Büchern erwarten dich viele weitere spannende Reiseabenteuer aus aller Welt.

Vielen Dank, dass du uns auf unseren Erlebnissen begleitest. Ich wünsche dir viel Spaß beim Lesen!

Carla Vollert

Meine Unterstützung für dich

Kostenlose Zusatzinhalte zum Buch auf der Webseite

2016 habe ich die *Backpack Stories* gegründet. Alles fing an mit Live-Events vor Ort in Köln. Daraus ist schnell auch der *Backpack Stories Podcast* entstanden, bei dem du viele Erlebnisse von den unterschiedlichsten Reisen aus aller Welt hören kannst. Von Reisenden – für Reisende. Seit 2018 sind viele weitere Bücher erschienen, die dich aus dem Alltag entfliehen lassen. Durch die Corona-Zeit 2020 gibt es dazu noch das *Backpack Stories TV*. Das sind Online Reisevorträge, die du dir jederzeit von überall aus anschauen kannst, um dein Fernweh zu stillen oder neue Reisepläne zu schmieden.

Mein Ziel mit den *Backpack Stories* ist es, dir diese wunderschöne Welt zu zeigen und dich zu inspirieren, selbst loszuziehen. Solltest du dir mit dem Reisen noch unsicher sein, Hilfe bei der Auswahl deiner Reiseziele benötigen, eine Packliste für deinen Backpack suchen oder dich über Unterstützung beim Sparen für deine (Langzeit-)Reise freuen, dann schau unbedingt auf meiner Webseite vorbei.

Hier habe ich einige Tipps und Tricks als praktische Listen und PDFs für dich erstellt, die dich bei deiner Reise und der Vorbereitung bestens unterstützen.

Schau jetzt direkt rein und lade dir das passende Dokument herunter:
www.backpack-stories.de/fuer-dich

KAPITEL 1

Eine Reise ohne Plan –

mein erstes Mal per Anhalter in Finnland

von Malte Stolpe

»Entweder ist es eine gute Erfahrung oder eine Neue!«

Ein besonderer Reiz beim Reisen per Anhalter ist es, viele spannende Geschichten von vielen unterschiedlichen Personen zu hören. Manchmal hat man auch selbst die Gelegenheit den Menschen eine der eigenen Geschichten zu erzählen. Das möchte ich hier nun auch tun und im Folgenden beschreiben, welche Erlebnisse mich zu meiner ersten Fahrt per Anhalter geführt haben und wieso ich aktuell – grob geschätzt – schon in etwa 700 Fahrzeugen mitgefahren bin.

Mitte August in Hannover vor ein paar Jahren, mein Freund Sören und ich planen einen verlängerten Wochenendtrip. Es soll irgendwohin gehen, wo es warm ist und wo es Strand gibt. Und vor allem in ein Land, welches wir beide noch nicht besucht haben. Italien ist so ein Land. Wir hoffen auch bei Locals zu übernachten, um so mehr vom Land und den Leuten zu erfahren.

Es geht über in die heiße Phase: Wir vergleichen Flugpreise … und buchen dann – weil günstiger – einen Flug in die finnische Provinz. Strände und warmes Wetter werden auf unserer To-Do-Liste mit Nordlicht und Elchen ausgetauscht und unvorbereitet wie wir sind, muss sonst nichts weiter geändert werden. Dafür ist auch gar nicht die Zeit, also schnell ein paar Locals übers Internet anschreiben, einen halben Schlafsack pro Nase und die Ukulele einpacken und ab zum Flughafen.

Angekommen in Tampere, der Hauptstadt der Provinz Pirkanmaa (– noch nie gehört? Ging uns genauso ...), lassen wir uns zunächst ein wenig Zeit, um uns mit der neuen Umgebung vertraut zu machen.

Immerhin wissen wir, dass wir nicht direkt in Tampere, sondern circa 15 km entfernt in Pirkkala sind. Dass es einen Shuttle-Service gibt, der die Fluggäste in die Stadt bringt, wissen wir allerdings nicht … Und so verpassen wir auch konsequent den Bus. “Kein Problem”, denken wir uns und suchen die Bushaltestelle auf, um nach der nächsten Verbindung zu suchen. Da wir Finnland irgendwie immer mit Norwegen und Schweden als skandinavische Dreifaltigkeit betrachteten, gehen wir auch davon aus, die Beschilderungen entziffern zu können. Eine Haltestelle in Schweden heißt schließlich auch bloß “hållplats”. In Finnland jedoch, ist dies dann eine “pysäkki” (sprich: pÜsä-ki) – anscheinend lässt sich unsere Sprachkenntnis nicht ganz so einfach übertragen, wie wir so blauäugig angenommen hatten. Glücklicherweise können die meisten Finn*innen so gut Englisch sprechen, wie Finnisch kompliziert ist. So schaffen wir es dann auch recht schnell in Erfahrung zu bringen, dass wir den letzten Bus des Tages schon verpasst haben (es war so gegen 19 Uhr).

Der Urlaub hat gerade erst begonnen – verzweifeln ist nicht. Also entscheiden wir uns kurzer Hand mal dieses Trampen auszuprobieren, schließlich steht doch auf unserer To-Do-Liste auch “die Leute dort kennen lernen”, also kritzel ich schnell TAMPERE auf meinen Notizblock und halte diesen in die Richtung der zwei, sich nähernden, Autos auf dieser sonst eher leeren Landstraße in der finnischen Provinz. Das erste Auto fährt auch direkt reaktionslos an uns vorbei; selbstverständlich, wer würde auch schon zwei so seltsame, junge Typen – oh, das andere Auto hat gebremst und setzt gerade zu uns zurück!

Mika, ein Ende 40-jähriger Finne, grinst uns entgegen und bietet uns an, uns in die Stadt zu bringen. Dies ist zwar ein kleiner Umweg für ihn, da er in der Nähe des Flughafens wohnt, aber das sei kein Problem, versichert er uns. Auf dem Weg in die Stadt ruft Mika bei seiner Freundin an und teilt ihr mit, dass es heute noch ein bisschen dauern würde, er müsse noch zwei jungen Leuten die Stadt zeigen. Und so brauchen wir für die eigentlich nur 15 km über eine Stunde, da Mika uns noch alles mögliche Sehenswerte in der Stadt zeigt und ein paar Dinge dazu erklärt – im Gegensatz zu uns, ist er nämlich in Tampere aufgewachsen.

Wir lassen uns von Mika im Zentrum absetzen und tauschen noch schnell Nummern aus, falls wir Hilfe mit der Polizei oder – und das wäre wahrscheinlicher – mit der finnischen Sprache bräuchten. Glücklicherweise blieb zumindest die erste Befürchtung unbegründet.

Eigentlich könnte diese Geschichte hier aufhören, da dies meine erste Erfahrung als Tramper war und wir die nächsten Tage nicht noch einmal trampten, wenn ich allerdings mit anderen Tramper*innen spreche, sind die menschlichen Begegnungen nahezu immer der Hauptgrund, warum getrampt wird. Und diese Begegnung war noch nicht vorbei:

Mit Sören zusammen erkunde ich die Stadt. In der ersten Nacht müssen wir auf ein Hostel ausweichen, im Preis sind allerdings auch Gutscheine für einen Fahrradverleih inbegriffen, diese nutzen wir dann auch. Wir haben den Plan uns ein Auto für ein oder zwei Tage zu mieten, da wir uns ein eigenes Bild von der finnischen Natur machen wollen. Weil wir weder eine Kreditkarte noch sehr viel Geld bei uns haben, entscheiden wir uns jedoch dagegen. Im Laufe unserer ersten Erkundungstouren in Tampere schrieben wir ein wenig mit Mika und verabreden uns für ein Treffen in einem Pub, da Mika sehr neugierig war, was wir so in seiner Stadt treiben. Außerdem scheint er recht überrascht zu sein, dass zwei junge Leute aus dem Ausland tatsächlich gefallen an Tampere, der Provinzstadt irgendwo in Finnland, gefunden haben könnten.

Angekommen im Pub, lädt Mika uns erstmal ein etwas zu essen und zu trinken. Wir reden hauptsächlich über die Dinge, die wir schon in der Stadt erlebt haben – wir haben z. B. bei einem finnischen Schulexperiment mitgewirkt – als Versuchspersonen und uns mit einem italienischen Professor für Mathematik und Physik angefreundet, der nicht rechnen kann – und Mika erzählte uns ein wenig über sich selbst. Früher hat er Medizin studiert und war auch bei der finnischen Armee, irgendwann hat er auch einen Pilotenschein gemacht, darf aber keine Passagiermaschinen fliegen. Allerdings fliegt er in den Sommermonaten für die örtliche Feuerwehr ab und zu Erkundungsflüge in einer kleinen Propellermaschine über die finnischen Wälder, um nach Waldbränden Ausschau zu halten.
Offenheit ist beim Trampen (und Reisen) immer eine gute Idee, da man nie weiß, was passieren kann und welche Möglichkeiten es so gibt. Offen durch die Welt zu gehen und auch selbst der Welt mal die ein oder anderen Dinge zu erzählen, schadet also in der Regel

eher nicht. Im Gegenteil: Sören und ich berichten Mika von unserem (nicht umgesetzten) Plan ein Auto zu mieten und wollen damit zu unserer Radtour überleiten – wurden aber von Mika unterbrochen: "Ihr seid ja aus Deutschland, ihr könnt also mit Autos umgehen … ich brauche mein Auto am Samstag nicht, wollt ihr damit rumfahren?".

Wir sind erstmal sprachlos, vor allem, da dies kein Witz zu sein scheint. Sowas wirkt natürlich im ersten Moment schon etwas seltsam und außerdem wäre es auch sehr viel Verantwortung, deshalb schlagen wir vor doch gemeinsam, also zu dritt, umher zu fahren, da wir so jemanden dabei hätten, der sich mit Region und Auto auskennt und Mika hätte dann etwas zu tun gehabt an diesem Tag. Mika scheint die Idee auch zu gefallen, bevor wir uns jedoch gebührend über so viel unverschämtes Glück freuen und Mika danken können, beginnt Mika wieder zu reden: "Ich weiß ja nicht, ob zwei so junge Leute daran gefallen finden würden, … aber ich habe ja vorhin erzählt, dass ich ab und zu mal rumfliege … also wenn ihr wollt rufe ich da mal an und organisiere für mich einen Übungsflug mit zwei Gästen …?".

Wir sagen selbstverständlich nicht sofort zu – dafür sind unsere Kiefer zu weit unten vor fassungsloser Ungläubigkeit. Da wir uns aber nur dämlich angrinsen, scheint Mika dies als Bestätigung zu deuten. Relativierend fügt er noch hinzu, dass der Flug natürlich vom Wetter abhängig sei, allerdings sehen die Chancen ganz okay aus, dass ein Flug absolviert werden kann.

Wir gingen also lediglich mit jemanden Essen, den wir vor zwei Tagen per Zufall kennengelernt hatten.

Der Plan für den nächsten Tag, der während dieses Treffens entstand, sieht nun wie folgt aus: Mittags von Mika abholen lassen, Abstecher zum lokalen Markt und eine regionale, finnische Wurstspezialität kosten, welche Mika uns dann auch noch spendierte (*Mustamakkara*, dt. "schwarze Wurst" – eine finnische Blutwurst), dann weiter zu einem Nationalpark, um zu wandern (direkt im Anschluss an unser Treffen im Pub druckte Mika uns allen noch selbst erstellte Wanderkarten aus), dann am Abend zum Flugplatz und ein bisschen Tampere aus neuer Perspektive betrachten, während die Sonne hinter den finnischen Bäumen untergeht.

Wir erzählen niemandem vom geplanten Flug, da es ja vom Wetter abhängig ist und wir es selbst auch noch gar nicht richtig glauben können. Und würde der Flug ins Wasser fallen, wollen wir nicht wie irgendwelche Maulhelden dastehen.

Bevor wir nach Finnland flogen, erzählten wir auch einigen Leuten von diesem Trip, zum Beispiel meinem Vater. Dieser ging insgeheim, wie er uns später offenbarte, davon aus, dass es wahrscheinlich eine sehr langweilige Reise werden würde, weil was gäbe es schon in Finnland außer Wälder und Seen? Oh, wie falsch er doch lag …

Dass Mika mitkommt, hat noch einen anderen Vorteil – wir werden die 1,5 Stunden Autofahrt zum Nationalpark und zurück chauffiert! Während der Wanderung erfahren wir, dass in den finnischen Wäldern viel Essbares wächst, beispielsweise Preiselbeeren, die wir auch fleißig pflücken. Wichtig ist es laut Mika nur, nichts in der Nähe von Findlingen zu pflücken, ... da dort die Leute gerne hinpissen. Ich schätze, dies ist die Sommerversion des alten Tipps keinen gelben Schnee zu essen.

Ein Zwischenziel auf dem Rückweg vom Nationalpark zum Flughafen ist noch der Besuch einer traditionellen finnischen Sauna, in welche Mika uns einlädt, original mit duschen aus Eimern und 3,5 %igem Bier, welches scheinbar noch als alkoholfrei gilt, weil es nämlich so verkauft wird. Alleine für diesen Saunabesuch bewerte ich diesen kurzen Ausflug nach Finnland schon als völlig gelungen. Aber es gibt noch mehr: Wandern und Sauna machen hungrig, also geht es weiter zu einer Pizzeria. Mika lädt uns ein – schon wieder. Nicht nur bei der Pizza bieten wir auch an zur Abwechslung mal Mika einzuladen, wir können / wollen zwar kein Auto mieten, aber eine Pizza wäre im Budget schon noch drin gewesen. Mika lehnt jedoch ab, mit der Begründung, dass es für dieses eine Wochenende jetzt keinen großen Unterschied macht, ob er nun eine oder drei Pizzen bezahlt und es besser sei, wenn wir – irgendwann, wenn wir dazu in der Lage sind – mal jemand ganz anderem auch einen Gefallen täten oder irgendwie helfen würden, ohne wiederum eine Gegenleistung für uns selbst zu verlangen. Ganz nach der Devise *pay it forward*.

Aber das ist ja noch nicht alles, das Highlight fehlt ja noch. Wir fahren also weiter zum Flughafen und das Wetter macht bis jetzt keine Anstalten unseren Plan zu durchkreuzen. Anstelle unseres geplanten Mietwagens haben wir also schon ein Fahrrad, eine Wanderung und ein einheimisches Auto erlebt, nun standen wir vor einer Cessna – vier Sitze innen und ein Propeller und zwei Tragflächen außen. Da Sören im Auto vorne sitzen durfte, war es nun mein Part neben Mika in der ersten Reihe zu sitzen. Zunächst einmal wird mein Vorurteil beseitigt, dass Fliegen nur etwas mit modernster Technik ist. Die ersten Luftfahrtpioniere haben auch bloß Holzgestelle mit Stoff bespannt und denen fühle ich mich beim Start dann auch näher als einem von hunderten qualifizierten Ingenieur*innen konstruierten Passagierflugzeug. Sobald wir dann jedoch über die Baumwipfel und Dächer hinweg fliegen, ist bei uns nur noch pure Euphorie angesagt (wie eigentlich schon die ganze Zeit – aber jetzt eben nochmal mehr!). Irgendwann fällt mir dann auf, dass die beiden vorderen Sitze jeweils ein Lenkrad-Steuerknüppel-Gerät haben, also frage ich Mika warum dies so ist. Ich denke mir, dass es sich vielleicht um ein Flugschul-Flugzeug handelt oder dies normal ist, quasi als Ersatz oder zur Sicherheit, um Eingreifen zu können. Mika antwortet: "Willst du auch mal fliegen? Es ist ganz einfach: Links und rechts zur Seite drehen, hineindrücken fürs Absenken und das Lenkrad herausziehen, um die Maschine hoch zu ziehen.", dabei führt er mir die passenden Gesten mit seinem Lenkrad vor. Gesagt getan. Und so fliege ich, ganz aus Versehen, ein Flugzeug über Finnland.

Wir starteten den Flug mit Tageslicht, flogen über die Landschaft als die Sonne unterging und landen schließlich in der Dunkelheit. Anschließend bringt uns Mika noch zurück in die Stadt. Währenddessen brechen wir auch unser selbst gewähltes Schweigegelübde und senden ein paar Eindrücke vom

Flug an Familie und Freunde. So langsam scheint es meinem Vater auch zu dämmern, dass seine Einschätzung eines “lahmen Wochenendtrips” fundamental falsch gewesen ist. Er hat wohl nicht bedacht, dass es auch Menschen in Finnland gibt (zugegeben nicht so viele, wie anderswo) und häufig reicht die richtige Gesellschaft eben auch aus, um eine unvergessliche Zeit zu erleben.

Sören und ich sind uns gegen Ende dieser Reise (wovon ich jetzt nur den Teil mit Mika erwähnt habe. Nordlichter, SM-Kung-Fu-Finnen, Capoeira im Stadion, Ukulele-Spielerinnen im Wald und unser Treffen mit vier italienischen Studentinnen zum selbstgemachte Pasta-Essen sind nur ein paar weitere Erfahrungen) einig, dass es – so von der Karma-Bilanz her – eigentlich nur fair ist, wenn uns in Deutschland direkt ein LKW überrollt.

Es kommt jedoch anders. Ganz zufällig landen wir in Bremen relativ zeitgleich mit einer Maschine aus London, in welcher sich ein Pärchen mit Tochter befindet, die zufällig an derselben Gepäckausgabe warten wie wir. Der Vater trägt die Ukulele der Tochter, so kommen wir ins Gespräch und erfahren, dass die Drei an Hannover vorbeifahren müssen und noch genau zwei Plätze frei haben im Auto. Dies wird der Ehefrau und der Tochter dann recht direkt vom Vater kommuniziert, als sie sich mit dem Gepäck unserer Gesprächsrunde nähern: “Hier, das sind Sören und Malte, die nehmen wir mit nach Hannover!”. Und so geht dieser Trip, Ukulele-spielend und singend, zu Ende. Ach ja, zufällig arbeitete unser jetziger Fahrer mal einige Jahre als Referendar an der Schule, wo ich mein Abitur gemacht habe.

Ich hoffe, dass es nachvollziehbar ist, dass ich durch dieses Erlebnis stark beeinflusst wurde. Ich schätze, dass Glück dabei auch eine Rolle spielt, allerdings glaube ich auch, dass es sehr wichtig ist, eine gute und offene Einstellung zu haben. Vor allem auf meinen Reisen, insbesondere im Kontakt mit anderen Menschen, habe ich so einiges dazugelernt und ich hoffe, dass dies auch weiterhin geschehen wird.

Wie schon ein wenig angedeutet, sind Sören und ich sehr offen an diese Reise heran gegangen. Richtige "Pläne" hatten wir eher weniger, es waren mehr Ideen. Wir hatten einige Dinge im Kopf, die uns interessierten, waren jedoch nicht zu sehr darauf fixiert eine Liste oder dergleichen abzuarbeiten. Unser Motto war "keine Erwartungen – keine Enttäuschungen", wobei das jetzt trauriger klingt, als es gemeint war. Ich vermute, dass diese Einstellung sehr hilfreich dabei war, aus dieser Reise das zu machen, was letztendlich aus ihr geworden ist. Indem wir die Freiräume – im Zeitplan und auch im Kopf – hatten, um uns auf die unvorhergesehenen Umstände einzulassen. Für mich ist das auch ein wenig Abenteuerspirit und einer der wichtigsten Unterschiede von einer Reise zum Urlaub (wobei natürlich nicht alles in nur eine dieser zwei Kategorien fällt).

Wie schon angedeutet, war dies nicht meine letzte Erfahrung mit Reisen per Anhalter, abgesehen von sehr vielen Trips nach und durch Finnland, bin ich bislang zweimal zum Nordkap getrampt, einmal im

Winter (mit null Sonnenstunden am Tag) und einmal im Sommer (mit fast 24 Stunden Sonne am Tag), und auch schon bis Thessaloniki in Griechenland. Insgesamt habe ich so bei Temperaturen von über 40°C bis zu unter -30°C am Straßenrand gestanden.

Das spannendste ist es allerdings, die vielen verschiedenen Menschen kennen zu lernen! Von Managern aus internationalen Konzernen bis hin zu Ex-Gefängnisinsassen (oder solchen, die es noch werden sollen …) sind unglaublich viele, diverse Geschichten zu hören! Auch die Begegnung mit anderen Kulturen, Biografien und Sprachen trägt sehr zu der Faszination bei. Den Reiz daran, teilen vermutlich nahezu alle Reisenden, beim Trampen gibt es jedoch einige gute Vorteile, um näher an diese Dinge heranzukommen. Grundsätzlich eint die meisten Menschen, die ich so kennengelernt habe, dass sie nett und hilfsbereit sind. Gegenseitiges Vertrauen ist genauso wichtig beim Einsteigen in ein fremdes Auto, wie auch beim Einsteigenlassen einer fremden Person in das eigene Auto. Häufig ist auch eine ordentliche Portion Neugier dabei, auf beiden Seiten. Vor allem Anfänger*innen und Interessierte finden auf Seiten wie hitchwiki.org viele hilfreiche Tipps und Tricks, um möglichst erfolgreich und entspannt voran zu kommen.

Ansonsten wünsche ich allen – bei jeder Art von Reise – *warm roads*!

Malte Stolpe ist Mitte 20 und Student, der in Magdeburg "Medienbildung – audiovisuelle Kultur und Kommunikation" studiert. In seiner Freizeit (und manchmal auch darüber hinaus) reist er am liebsten per Anhalter durch Europa. Der Zufall – oder doch eine Vorliebe zu gewissen Ländern – haben ihn dabei schon über zehn Mal nach Finnland und in den hohen Norden verschlagen. Sein Tramper-Tacho steht bei "irgendwas zwischen 60.000 und 70.000 km" und die nächste Tour – nach Finnland (?) – ist schon geplant.

Sporadische Reiseeindrücke sind hier zu finden: **Instagram: @countrypainter1**

KAPITEL 2

Durch den Süden Afrikas

von Tine Wekenborg

» Sometimes the people around
you won't understand
your journey.

They don't need to,
it's not for them. «

- Joubert Botha

„Irgendwie brauche ich mal wieder eine Auszeit." Ich glaube, so fangen die besten Reiseplanungen an. Seit genau einem Jahr lebe ich jetzt in Südafrika, in einem Land, in dem ich schon immer leben wollte. Im Jahr 2007 war ich das erste Mal hier und sofort schockverliebt! Obwohl ich sechs Wochen lang in der Pampa von Mpumalanga gelebt hatte, stand die Entscheidung, eines Tages hierher zu ziehen, schon fest.

12 Jahre später, fiel mir dann in Deutschland ein wenig die Decke auf den Kopf. Kann das schon alles sein? Stehe ich morgens auf und gehe zur Arbeit, nur damit ich das verdiente Geld dann in Reisen investiere, die aus Langeweile und Vorfreude genaustens in einer Excel-Liste geplant sind? Ich hing in der Schwebe. „Da war doch mal dieser Auswanderungsplan in meinem Kopf". Mit einem sicheren Job, Wohnung, Auto und allem was man sonst so braucht, ist es aber sehr schwierig aus dieser Welt wieder auszubrechen. Nur mit diesem finanziellen Polster und dieser Sicherheit waren in den letzten Jahren Backpacking-Trips nach Japan, Hawaii oder Costa Rica möglich. Die deutsche Industrie hielt mich irgendwie in einer Wohlfühloase gefangen und dann war da ja auch noch das berufsbegleitende Maschinenbaustudium, was fertigwerden wollte. Glücklicherweise siegte der Mut, vielleicht auch ein wenig die Unvernunft in meinem Kopf. Ich schickte kurzerhand eine Bewerbung für einen Master Studiengang an die Universität Stellenbosch, denn ein Langzeitvisum wird nur an Studenten und Pensionierte vergeben. Drei Monate später kam die Zusage, drei weitere Monate später saß

ich im Flieger nach Kapstadt. Den Bachelor in Maschinenbau hatte ich glücklicherweise noch drei Tage vor Abflug bestanden. Jackpot, auf ins südafrikanische Leben!

Mein erstes Jahr war voller neuer Abenteuer. Mit nur zwei Tagen Vorlesung in der Woche hatte ich so viel Zeit zum Reisen und da ich schon vor meiner Auswanderung jedes Jahr nach Südafrika kam, kannte ich mich teilweise auch gut aus. Ich hatte Spaß daran, anderen meine neue Heimat zu zeigen, was irgendwie dazu führte, dass ich alle zwei Wochen dieselben Touri-Hotspots abklapperte. Auch wenn es mir Spaß machte, es befriedigte meine Backpacker-Lust irgendwann nicht mehr. Ich brauchte mal wieder ein neues Abenteuer, eine Reise in ein Land, das ich noch nicht kenne, wo ich nicht weiß, wo ich abends schlafen werde oder wie ich von A nach B komme. Reisen in und von Europa aus ist einfach, jede Stadt ist gut vernetzt und man bekommt immer einen günstigen und schnellen Transfer irgendwohin. Reisen im südlichen Afrika ist schwieriger. Flüge in Nachbarländer kosten meist genauso viel, wie ein Flug nach Europa, Busse brauchen ewig und Zugverbindungen gibt es nicht. Doch das Glück war auf meiner Seite. Eine Tour mit Freunden endete in Johannesburg und von dort gab es, wie der Zufall es so wollte, einen günstigen One-Way-Flug nach Simbabwe.

Mein kleiner 40-Liter-Backpack war gepackt und ich freute mich wie Bolle auf die neuen Erfahrungen und Abenteuer. Irgendwie war es aber auch gruselig. In meiner letzten Nacht in Johannesburg traf ich noch eine Freundin, die gerade aufgrund von Unruhen aus Simbabwe evakuiert wurde und ich wollte mich tags darauf in den Flieger nach Victoria Falls setzen? Ich hoffte darauf, dass dieser Ort touristisch genug war und von den Unruhen verschont blieb, packte nochmal etwas mehr Bargeld ein und vertraute auf meine Recherche, die besagte, man könnte zu Fuß nach Sambia einreisen. Mein Flieger ging am nächsten Tag nach Windhoek, Namibia, wo ich eine Nacht Aufenthalt hatte. Nach 14 Stunden Glamping in der Hauptstadt, wovon ich mindestens 3 Stunden von anderen Touristen in Panik versetzt wurde und man mir meine Reise ausreden wollte, machte ich mich auf zum letzten Flug dieser Reise. In einem 2 Stunden verspäteten und fast leeren Flugzeug, flog ich nach Victoria Falls, meinem Ausgangspunkt der Reise. Nun ja, viel mehr hatte ich auch noch nicht geplant. Gewohnt mir selbst einen Weg vom Flughafen zum Hostel zu suchen, war ich hier angenehm überrascht, dass es nur unterkunftseigene Transfers gab und so wurde ich von einem Taxifahrer mit Namensschild abgeholt. Ist ja fast wie in einem All-Inklusive-Urlaub. Angekommen. Geschafft. Das Hostel war nicht gerade All-Inklusive, allerdings gab es Harry inklusive - mein schnarchender, pensionierter Zimmergenosse aus UK. Glücklicherweise gab es eine kleine Bar, an der ich Elisa aus Michigan kennenlernte. Wir waren uns auf Anhieb sympathisch und beschlossen die nächsten Tagen zusammen zu verbringen. Und dann gab es noch Tony, die gute weedrauchende Seele vom Hostel. Man könnte denken, er wäre direkt aus Trenchtown nach Victoria Falls gekommen. Nur sein Akzent würde ihn als Simbabwer verraten. Abends nach unseren Entdeckungstouren rund um die Stadt, durch den Chobe-Nationalpark oder zu den Victoria Falls, saßen wir zusammen und horchten den Reisegeschichten oder philosophierten über das Leben. Verschiedene Nationen jeden Alters mit komplett unterschiedlichen Hintergründen, sitzen doch abends am selben Lagerfeuer, trinken das gleiche Bier und teilen sich ein Zimmer. Das ist es, was das Reisen, aber auch was Afrika ausmacht.

Nach einigen Tagen erzählte uns Tony von fünf anderen Backpackern aufgeteilt in zwei Autos, die uns vorausgereist sind: Ein Aussie, ein Kiwi und ein Kanadier in einem 4x4 und zwei Namibier in einem kleineren Auto. Tony meinte wir würden vom „Vibe“ her zusammenpassen, also sollten wir uns auf nach Sambia machen, um die kleine Gruppe einzuholen und mit ihnen weiterzureisen. Das hörte sich auf jeden Fall einfacher an als es war, denn nach unserem Fußmarsch über die Grenze nach Sambia erwartete uns Livingstone und damit, meiner Meinung nach, einer der größten Partystädte im südlichen Afrika. Wo sollte man hier die feierwütige Truppe wiederfinden?

Elisa und ich beschlossen in das günstigste Hostel einzuziehen und erst einmal die Wasserfälle von der anderen Seite zu bestaunen, die Seite, von der das Wasser herabfällt. Verrückterweise lernten wir ein paar Locals kennen, die uns abseits der Pfade die Wasserfälle zeigten. Nachdem wir durch einige Teile des Sambesi geschwommen waren, erreichten wir eine Stelle direkt an der Kante. Hier ging es nur wenige

Zentimeter von uns entfernt direkt in die Tiefe. Was ein Gefühl! Abends saßen wir mit einigen anderen Backpackern im Royal Livingston Hotel, tranken ein viel zu teures Bier und schauten uns den Sonnenuntergang an, während hinter uns zwei Zebras durch den Garten liefen – wie surreal. Wo Kapstadt und Südafrika mehr europäisch angehaucht sind, hat man hier mehr und mehr das Gefühl im wilden Afrika anzukommen. Nachdem Elisa und ich von Livingston genug hatten und auch die anderen fünf gesuchten Backpacker nicht finden konnten, machten wir uns mit dem Bus auf nach Lusaka, der Hauptstadt Sambias.

Nach einem Tag in einem völlig überfüllten Bus ohne Klimaanlage, haben wir es geschafft. Im einzigen Hostel der Stadt angekommen, ging es für uns an die Bar, um unsere Körpertemperatur mit flüssigem, eisgekühltem Gold wieder in den Normalbereich zu bringen. Nachdem dort der angeblich sambische Politiker Paul 2 bis 3 Lokalrunden geschmissen hatte und uns in seinem Privatflugzeug einladen wollte, um den afrikanischen Kontinent zu entdecken, passierte das unglaubliche: Wir trafen tatsächlich die lang einzuholen versuchte Truppe. Die Freude war riesig und nach ein paar weiteren Runden von Paul – der ließ sich auch echt nicht davon abbringen – verabredeten wir, dass wir die Reise gemeinsam fortführen wollten. Auch zwei weitere deutsche Mädels schlossen sich uns an und so war der Plan gemacht, es ging in den South Luangwa National Park, an der Grenze zu Malawi.

Leider waren die Autos nicht groß genug für 9 Personen und so ging es für vier von uns zurück ins Abenteuer der sambischen Busse, welche uns in rund 12 Stunden von Lusaka über Chipata nach South Luangwa bringen sollten. Zweimal Umsteigen und eine etwas ruckelige Fahrt später, saßen wir auf dem Rücken eines kleinen Trucks und wurden über die letzten Krater, welche man hier wohl eine Straße nennen kann, in unsere Unterkunft gebracht. Rein ins echte afrikanische Buschleben. Der Elefant stand direkt im Garten und auch sonst kann so ziemlich jedes wilde Tier deinen Weg kreuzen. Direkt am Luangwa River kann einem jederzeit ein Hippo begegnen, wobei die Begrüßung sicherlich nicht freundlich ablaufen wird. Daher gab es mehrere Guards, die mit einem Maschinengewehr durch die Lodge liefen, um uns selbst nachts auf dem Weg zum Bad zu beschützen. Der letzte Leopardenangriff sei zwar schon ein wenig her, aber sicher ist sicher, sagte man uns von der Lodge. Naja, gut zu wissen. Wir verbrachten einige Tage hier zu viert, gingen auf Game Drives oder chillten in der Lodge am Fluss, bis der Rest der Crew mit den zwei Autos aufkreuzte.

Einige technische Defekte ließ die Fahrt der Fünf etwas länger werden, denn mittlerweile hatte die Regenzeit langsam eingesetzt und viele Wege waren nicht mehr befahrbar. Es war, als würde man sich schon ewig kennen und wir verbrachten tolle Tage zusammen, hangelten uns von einem Sundowner im South Luangwa National Park zum nächsten, bis der Tag des Abschieds kam. Elisa wollte über Malawi nach Uganda, die zwei deutschen Mädels mussten zurück zur Arbeit nach Lusaka und der 4x4-Wagen mit dem Aussie, dem Kiwi und dem Kanadier musste in ein paar Tagen zurück in Livingstone sein. So stand ich ein wenig in der Schwebe. Wohin soll ich reisen? Die beiden Namibier, Meke und Danny, hatten ursprünglich den Plan gefasst, auch nach Malawi zu reisen, doch Danny war der einzige Fahrer und ihm war der Rückweg über Mosambik und Südafrika nach Namibia zu lang.

Nachdem die zwei herausgefunden hatten, dass ich einen Führerschein hatte und wir die Fahrt aufteilen könnten bis nach Johannesburg, war der Plan schnell gemacht. Das Camping-Equipment des Autos sollte mit dem 4x4 zurück nach Livingstone transportiert werden, damit es im Auto genügend Platz für mich und meinen kleinen Backpack gab und wir zu dritt weiterreisen konnten. Verrückt, ich fahre nach Malawi! Aber halt, erst in einigen Tagen, vorher wollten wir noch ein paar Tage am Luangwa River campen.

Somit ging es für die drei Jungs vom 4x4 und für Danny, Meke und mich im Toyota IST, genannt Infinity, zu einem Campingplatz. Jedoch nicht, ohne vorher noch einmal ordentlich die Vorräte aufzufüllen, was hier auf dem Land gar nicht so einfach ist, denn Supermärkte gibt es nicht. Ich gewöhnte mich langsam an die flohmarktähnlichen Verkaufsdecken, gefüllt mit selbstgeerntetem, saisonalem Gemüse, jedoch nicht gewöhnen konnte ich mich an die Kinder der Verkaufsdamen, die skrupellos dem gekauften Hähnchen hinter so mancher Verkaufstheke den Kopf umdrehten. Wir hatten schnell Gemüse, Eier und Bier aus dem Liquor Shop nebenan gekauft (keine Sorge, egal wo man in Afrika ist, Bier gibt es immer!). Leider rochen beide lokalen Schlachthäuser derartig faul, dass unserer Chefköchin Meke nicht einen Meter hineinsetzen wollte. Glück im Unglück! Sehr zur Freude von Meke, hatten die Locals am Morgen eine Kuh geschlachtet. Dies kam nur einmal die Woche vor und wurde von allen Dorfbewohnern sehr gefeiert. Im Kofferraum einer alten Mercedes-Limousine lag also eine tote Kuh und wurde vom Hiwi des Schlachters in alle Richtungen gedreht, um mit einer langen Machete die möglichst besten Stücke heraus zu säbeln. Mir wurde beim Hinsehen schon schlecht, aber wenn man es lange genug kocht, wird es sicher gut. Denn auch wenn die Kuh morgens erst geschlachtet wurde, liegt sie dennoch 5-6 Stunden in der sambischen Mittagshitze im Kofferraum eines Mercedes. Wer nicht wagt, der nicht gewinnt. Da keiner vegetarisch essen wollte, fanden wir nach mehreren Drehungen des Kuhkadavers ein gutes Stück Fleisch, welches wir für einige wenige Cents bekamen. Wir beschlossen dennoch Potjie daraus zu kochen. Das ist eine Art Eintopf, der mehrere Stunden auf dem offenen Feuer kocht. Wider unsere Erwartungen überlebten wir das Dinner alle ohne nächtliche Zwischenfälle und wachten am nächsten Morgen völlig gesund auf. Wieder einmal umsonst Sorgen gemacht. Was uns jedoch Sorgen machte, waren die Baboons, die unermüdlich Jagd auf jegliche Lebensmittel machten. Und so händigte uns der Camp-Besitzer mehrere Steinschleudern aus, getroffen haben wir die flinken Affen jedoch nie.

Nach drei Tagen zwischen wunderschönen Sonnenuntergängen, Platzregen, Partys am Pool und einem Trainingscamp für Steinschleudern, wurde es langsam eng für uns. Die Straßen waren durch den Regen teilweise unpassierbar und der Fluss drohte in einigen Stunden oder Tagen den Campingplatz zu fluten. Es ging endlich nach Malawi, so weit wie Infinity uns bringen mag.

Nach dem Frühstück brachen wir auf und machten uns auf den Weg in Richtung Grenze. Schlappe $75 Visa-Gebühren, unzählige illegale Währungswechsel und Autoversicherungskäufe später, waren wir endlich in Malawi. Nur wenige Kilometer hinter der Grenze, wurden wir von einem der schönsten Regenbögen, die ich je gesehen hatte, begrüßt. Wir fuhren durch unfassbar grüne Landschaften. Malawi zählt sich selbst zu einem der reichsten Länder Afrikas. Hier hat niemand Ahnung von einem Bruttoinlandsprodukt oder irgendeiner Außenpolitik. Hier zählt das Leben und so bringt der viele Regen und der Lake Malawi sehr viel Wasser ins Land, wodurch der Boden fruchtbar ist und das tägliche Überleben sichert. Die Menschen in Malawi sind daher sehr fröhlich, zufrieden und neugierig. So geschieht es oft, dass man auf dem Weg zum Markt plötzlich drei Kinder an jeder Hand hat, die fröhlich Mzungu singen, was im ostafrikanischen „weiße Person“ bedeutet. Unser erstes Ziel war Kande Beach, das befreundete Camp von Danny und Meke würde sicher noch Platz für uns haben. Die Fahrt dahin war nicht so einfach, viele Straßensperrungen und Korruption brachten unsere Fahrt immer wieder zum Stocken. Meke, die es sich auf dem hinteren freien Sitz zwischen Kochutensilien und Bettzeugs bequem gemacht hatte, musste oft verhandeln, da Danny und ich vorne als Weiße immer wieder angehalten wurden. Man gewöhnt sich schnell dran, dass man nur auf eine freundliche Art und Weise weiterkommt und so darf man gerade auf diesen Straßen nicht die Geduld verlieren. Auf einem Weg durch einen Teil eines Nationalparks gerieten wir dann doch in Panik. Durch die Hitze hatten wir unsere Fenster geöffnet, welches gleich mehrere Tsetsefliegen ausnutzten, um in unser Auto zu gelangen. Die Panik war riesig, da diese Fliegen mehrere unschöne Krankheiten übertragen können (unter anderem die Schlafkrankheit), aber auch der Stich dieser Fliegen sehr schmerzhaft ist. Keiner von uns war scharf auf diese Schmerzen und so schleuderte das Auto unter meinem Fuß ein wenig hin und her während die anderen zwei wie wild auf die Insekten einschlugen. Glück gehabt, alles noch einmal gut gegangen.

Am späten Abend kamen wir in Kande Beach an. Die Lodge lag herrlich direkt am Strand vom Lake Malawi, was wir erst so richtig am nächsten Morgen bestaunen konnten: Ein herrlicher Sonnenaufgang direkt über dem See, den man bei seiner Größe fast schon als Meer bezeichnen kann. Wir verbrachten ein paar schöne Tage hier. Gingen mit den Locals zum Dorffußball und schwammen im See. Ich ging auf mehrere Tauchgänge und wir grillten jede Menge Fisch, den wir am Nachmittag von den einheimischen Fischern bekamen. Abends ließen wir den Tag mit einigen Bieren am Feuer direkt am Strand ausklingen und hatten dabei auch die eine oder andere Erfahrung mit Malawi Gold.

Einen Nachmittag paddelten wir mit den typisch malawischen Nussschalen-Booten raus zur kleinen vorgelagerten Insel des Sees und versuchten uns selbst mit dem Angeln oder sprangen von den Klippen ins kristallklare Wasser. Jeden Morgen verlängerten wir unseren Aufenthalt wieder um eine weitere Nacht, weil irgendwie keiner von uns weiterziehen wollte. Doch irgendwann brauchten wir einen Perspektivwechsel – es ging weiter gen Süden, nach Cape MacLear. Über neu geteerte Straßen und kleine Holzbretterbrücken ging es durch kleine Dörfer, entlang des türkisblauen Sees und durch saftig grüne Wiesen. Immer wieder kreuzte eine Herde Kühe oder Ziegen unseren Weg und zwangen Infinity zum Stillstand. Herrlich unbeschwert und mit einem riesigen Koffer voller Zeit, reisten wir durch das Land und obwohl wir nur 400 km zurückzulegen hatten, brauchten wir dafür den ganzen Tag. In Cape MacLear hatten aufgrund der Regenzeit viele Unterkünfte geschlossen und so kam es, dass fast alle Backpacker in der gleichen Unterkunft untergebracht waren. So sehr mich manchmal der Small Talk von Reisenden nervt, immer die gleichen sich wiederholenden Fragen, traf das hier keineswegs zu. Jeder Reisende hatte eine Geschichte, die spannender war als die andere. Wer reist schon allein durch Malawi, nicht gerade das Pauschalurlaubsland Nummer Eins. Mit viel Gesprächsstoff und wieder unglaublich schönen Sonnenuntergängen, saßen wir abends in großer Runde zusammen, kochten für alle Leute in der Lodge und luden auch einige

Einheimische dazu ein. Die Küche in Malawi ist sehr einfach und wenig gewürzt. So lieben die Menschen ihr Nsima (Maisbrei) und Kondowole (Brei aus Cassava und Wasser). Dabei gibt es hier alle möglichen Früchte und Gewürze, vor allem aber Chilis. Oftmals durften wir für unsere Früchte auf dem Markt nicht bezahlen, da es hier sowieso keine andere Verwendung dafür gab. Vor allem hatten wir aber eine Vorliebe für Chilis, die auch irgendwie in jedem Gericht ihre Verwendung fanden. Und so konnten wir gar nicht zählen wie oft ein Nachschlag genommen wurde und am Ende gab es einen Haufen glücklicher und leicht schwitzender Gesichter.

Wir sind relativ schnell ein Bestandteil des Dorfes geworden. Wir kamen mit jedem gut aus und ich wurde von Mekes Freundlichkeit und Nächstenliebe jedem gegenüber regelrecht angesteckt. Mr. Billy, der einen kleinen Schneiderei-Stand direkt vor der Lodge hatte, nähte uns jeden Tag neue Kleider und Taschen und wir versuchten sein Business so gut es ging zu unterstützen. An Dannys Geburtstag mieteten wir ein Boot und fuhren mit allen Freunden raus auf den See, tranken Champagner (naja irgendwas Ähnliches, was offiziell genug für einen Geburtstag war) und sprangen von den Klippen ins kühle Wasser des Sees. Kurz vor dem Sonnenuntergang warfen wir kleine Fische in die Luft, die von den heimischen Fischadlern im Sturzflug gefangen wurden. Was für ein Erlebnis! Ich wünschte, diese Reise würde niemals enden. Leider hatte der Regen in den letzten Tagen wieder einmal zugenommen und die sandigen Straßen drohten unpassierbar für uns zu werden. So kam der Tag eines weiteren Abschieds von einem wunderbaren Dorf am Lake Malawi. Am Tag der Abfahrt lief Mr. Billy sogar hinter unserem Auto her, brachte es zum Stillstand, schenkte uns kleine Kosmetiktaschen zum Dank und wünschte uns eine sichere Fahrt.

Wir fuhren eine Stunde weiter und kamen nach Monkey Bay. Hier mussten wir leider unsere Reisepläne neugestalten. Mir ging ein wenig die Zeit aus, da ich wieder zur Uni in Südafrika musste, die Straßen in Mosambik waren durch einen Sturm unbefahrbar geworden und so blieb Meke und Danny nichts Anderes übrig als die Fahrt durch Sambia zurück in den Caprivi Strip. Ich hingegen, wollte mit dem Bus von Blantyre zurück nach Johannesburg fahren. Die letzten gemeinsamen Tage verbrachten wir wieder in einer Lodge direkt am See und trafen neue und alte Bekannte wieder. Morgens schwamm ich, von Kingfishern beobachtet, meine Runden im kristallklaren Wasser des Sees, nachmittags gingen wir ins Dorf und kauften Reis, Gemüse und Gewürze von den Flohmarktdecken auf dem Boden und Bilharzia-Tabletten, welche man sechs Wochen nach Berührung mit dem Wasser aus dem Lake Malawi einnehmen muss. Am Abend saßen wir zusammen mit anderen Reisenden und Einheimischem am Feuer am Strand, kochten Abendessen für die ganze Truppe und sangen Lieder von afrikanischen Trommeln begleitet. Reggae war die beliebteste Musikrichtung und so wurde Bob Marley hier in Bob Malawi umbenannt. Wir sagen seine Lieder rauf und runter bis die Sonne langsam wieder aufging.

Eine wunderschöne Reise ging zu Ende. Nachts um zwei fuhr ich mit dem Minibus nach Blantyre, wobei ich mindestens dreimal zwischen verschiedenen Autos wechseln musste, da ich immer wieder von den Fahrern weiterverkauft wurde. Aus Blantyre ging es über sechs Landesgrenzen, viel Korruption und mit einem komplett vollen Bus nach Südafrika. Da ich die einzige Mzungu im Bus war, gab es mit mir am meisten Probleme an den Grenzübergängen. Aber alle Reisenden im Bus standen hinter mir, halfen mir mit dem Zoll und den Dokumenten. Anstatt genervt über den Zeitverlust zu sein, nahm mich der Busfahrer an die Hand und passierte jeden Schalter als erstes mit mir gemeinsam. In der übrigen Wartezeit saßen wir zusammen mit anderen Reisenden und aßen Pap mit den Händen aus einer riesigen Plastikschale. Es war wie eine endlose Klassenfahrt und ich war fast schon traurig als wir nach 32 Stunden in Johannesburg ankamen.

Schon sehr komisch und spannend wie sich eine Reise entwickeln kann. Ich hatte nur einen Hinflug und mir keinerlei Gedanken über den Verlauf gemacht. Ich habe auf mich vertraut, denn normalerweise findet man schon irgendwie Anschluss. Und so war es auch dieses Mal – es sind herrliche Freundschaften entstanden, die sicherlich lange halten werden und ich denke gerne an die Begegnungen zurück. Auch heute bin ich noch mit Meke und Elisa in Kontakt und dank sozialer Medien lässt sich auch das Leben einiger anderer Mitreisenden verfolgen. Und wer weiß, vielleicht kreuzen sich unsere Wege wieder. Ich sah Meke und Danny auf meinem Solo-Campingtrip durch

Namibia, einige Monate nach dieser Reise, tatsächlich wieder. Die beiden managen das Ngepi Camp im Caprivi Strip. Die Eco Lodge liegt direkt am Fluss Kavango und ist herrlich afrikanisch wild. Vielleicht fahre ich mal wieder bei den beiden vorbei. TIA (This is Africa), man weiß eben nie so genau was passiert auf diesem Kontinent. In einem Moment scheint alles ganz klar und im Nächsten werden alle „Pläne“ wieder über den Haufen geworfen. Aber schon nach dieser Zeit in Südafrika kann ich sagen, ich habe alles richtig gemacht. Auch wenn die Zukunft ungewiss ist, macht es doch viel mehr Spaß so zu leben und dabei nicht alles bis ins kleinste Detail zu planen. Auch wenn mein kleines deutsches Excellisten-liebendes-Herz manchmal an seine Grenzen kommt mit dem afrikanischen Zeitmanagement. Man muss sich eben daran gewöhnen, direkt Plan B nachzugehen, denn Plan A funktioniert hier meistens sowieso nicht. Hat man das raus, lässt es sich viel einfacher und gelassener leben.

Tine Wekenborg hat ihr Herz in Afrika verloren. Seit 2007 ist die gebürtige Norddeutsche jedes Jahr nach Südafrika verreist, bis sie Anfang 2018 endlich ausgewandert ist. Seitdem hat sich ihr Reiseschwerpunkt etwas verändert. Wo sie zuvor möglichst viele Länder der Erde entdecken wollte, liebt sie jetzt vor allem Camping-Trips durchs südliche Afrika. Mit jedem Jahr an neuer Reiseerfahrung, versucht sie ihre eigenen Grenzen ein wenig weiter auszudehnen. So kamen nach einfach zu bereisenden Ländern wie Thailand und Australien irgendwann Länder wie die Mongolei oder Malawi auf die Liste. Tines größter Reisetraum ist einmal auf dem Landweg von Kapstadt nach Köln zu reisen. Aber bis dahin wird regelmäßig ihr kleines Auto mit Camping-Equipment beladen und auf kleine Roadtrips durch den Süden geschickt.

KAPITEL 3

Gastfreundschaft in Kanada:

ein Camper, zwei fremde Familien und ganz viel Arbeit

von Lisa König

» Die gefaehrlichste aller Weltanschauungen ist die Weltanschauung der Leute, welche die Welt nicht angeschaut haben. «

- Alexander von Humboldt

Allein, als Paar oder als Familie – Reisen und neue Länder entdecken ist unsere größte Leidenschaft.

Als unser zweites Kind zu Welt kam, war klar, dass wir, Lisa und Philipp mit Frieda und dem Neugeborenen Paul, die Elternzeit nutzen möchten, um unserer Leidenschaft nachzugehen und uns ziemlich schnell nach der Geburt auf eine lange Reise zu machen. Hauptkriterium war, dass wir ein gesundes Kind in den Armen halten, damit es acht Wochen nach der Geburt auch losgehen konnte.

Nach einer kleinen Europatour haben wir Pläne geschmiedet, nach Kanada und danach in die USA zu reisen. Den Traum, die kanadische Wildnis zu bereisen und live zu erleben, haben wir schon lange gehegt. Gesagt, getan! Wir buchten einen Flug über Island nach Vancouver. Mit kleinem Baby und einer zweieinhalb Jährigen. So wenig Gepäck wie möglich, nämlich einem 25 kg Backpack, da wir ja auch noch zwei Kinder zu tragen haben. Wir wussten von der weltweit bekannten Gastfreundschaft der Kanadier, doch was wir erleben durften, überstieg mehr als alles, was wir uns jemals vorgestellt hatten.

Wir reisten schon immer sehr spontan, sodass wir ohne Ausreiseticket und ohne großen Plan nur die erste Woche in Vancouver, zum Akklimatisieren, in einer Unterkunft gebucht hatten. Erfahrungsgemäß würde sich dann alles fügen, so die Idee. Nachdem wir und auch die Kinder den Jetlag hinter uns gebracht hatten, stellte sich die Frage, wie wir das wunderschöne und sehr große Land am Besten bereisen würden. Da wir uns in der Hauptsaison befanden, haben wir doch sehr über die Preise für einen Camper gestaunt. Die Preise würden einen Großteil unseres gesamten Reisebudgets verbrauchen, welches wir für mehrere Monate geplant haben. Unter 200 € pro Tag war fast nichts zu machen, sodass wir uns mit Alternativen beschäftigen mussten. Wir wollten zwei bis drei Monate in Kanada und an der Westküste der USA verbringen. Wir hatten viele Ideen und machten uns sehr viele Gedanken über das Wie: Vielleicht doch einen Mietwagen und Unterkunft mieten? Dann sind wir zwar nicht direkt in der Wildnis, auch nicht ganz so flexibel und der Organisationsaufwand wäre enorm viel größer, aber wir sind erfahrene Reisende, das würden wir hinbekommen.

Dank Social Media wurden wir aber inspiriert, nochmal weiter zu recherchieren und nach gebrauchten Autos und Campern zu schauen. Schnell hat sich die Idee ein Auto zu kaufen zerschlagen, weil das Wildlife und Wetter in Kanada doch auch mal unbequem werden können, sodass wir mit einem Camper eine bessere Variante haben würden. Zunächst stellte sich die Frage, welche Portale sich eignen und nach kurzer Zeit haben wir ein Gefühl für den Markt und die Preise entwickelt: wir konnten erkennen, dass recht alte Modelle noch sehr gut gehandelt werden und die Investition in einen gebrauchten, älteren Camper in etwa so hoch sein würde, wie einen Mietcamper, den wir natürlich nicht mehr verkaufen könnten. Zudem hat ein Camper zum Nachteil, dass wir höhere Kosten für Benzin und die Kosten für einen Stellplatz zahlen müssten, aber wir hätten eine kleine Küche und wären mitten in der

Wildnis unterwegs, wie wir uns das ursprünglich vorgestellt hatten.

Also haben wir uns informiert, ob wir als Touristen eine Versicherung abschließen könnten und einen Camper auf meinen Namen zulassen dürfen. Das ganze Prozedere schien recht einfach zu sein, man brauchte nur eine Adresse und mit Kreditkarte ließ sich alles bezahlen. Also mussten wir nur noch ein passendes Modell finden.

Nach einigen, auch zum Teil unseriösen, E-Mails und Telefonaten sowie mehreren Anpassungen unserer Suchkriterien, haben wir die Suche ausgeweitet auf Vancouver Island. Ich hatte keine Ahnung, dass die vorgelagerte Insel doch gute zwei Fährstunden plus Anfahrt entfernt lag, aber wie der Teufel es will, haben wir dort ein Modell gefunden, welches uns auf Anhieb gefiel: 25 Jahre alt, der Camper sollte zumindest jünger sein als wir, im Budget, wenige Kilometer, sehr guter Zustand, aus erster Hand, nur eben recht weit entfernt. Auf unsere E-Mail hin, hat sich noch am gleichen Tag Brenda, die Besitzerin, gemeldet. Nach einem kurzen, aber sehr freundlichen Telefonat haben wir beschlossen, dass Philipp sich am nächsten Tag aufmacht, den Camper zu besichtigen.

Das hieß um sechs Uhr aufstehen, mit Bus und Bahn zur Fähre fahren, dann zwei Stunden Fährfahrt und nochmal 30 min mit Brenda zur Besichtigung nach Victoria. Auf dem Rückweg hat er ein günstiges Ticket mit dem Wasserflugzeug ergattert, sodass er von Victoria direkt nach Vancouver fliegen konnte, das hat den Tag zusätzlich zu einem unvergesslichen Erlebnis gemacht. Frieda, Paul und ich empfingen ihn in Vancouver und waren total gespannt, ob Philipp einen Camper für uns gefunden hatte und so unsere Reise auch losgehen konnte.

Vielleicht war es der freundliche Empfang von Brenda, jedenfalls war Philipp überzeugt davon, unseren Camper gefunden zu haben, denn dieser schien direkt bezugsbereit. Zwar alt, aber in top Zustand und mit sehr umsichtigen Vorbesitzern. So haben wir entschieden, den Camper zu reservieren, alle zusammen nach Vancouver Island zu fahren, um uns den Camper final anzuschauen, ihn höchstwahrscheinlich zu kaufen und unsere Tour aus der Situation heraus auf Vancouver Island zu starten.

Nachdem wir wie auf heißen Kohlen eine weitere Woche in unserer, aus der Not heraus, bereits gebuchten Unterkunft in North Vancouver, weit weg von unserem potenziellen Camper, verbracht haben und in dieser Zeit schon ein paar Ideen gesammelt haben, wie wir mit ein paar Handgriffen das Innenleben des Campers schnell und günstig in unserem Stil wohnlich einrichten könnten, fuhren wir mit der Fähre nach Vancouver Island.

Als würden wir uns schon lange kennen, hat Brenda uns am Ferry Terminal abgeholt und uns mit in ihr Haus genommen, wo sie mit ihrer erwachsenen Tochter, die zu der Zeit im Urlaub war und ihrem Partner Brian wohnt. Dort haben wir Brian kennengelernt und dann zusammen einen Blick in unser potenziell neues Zuhause geworfen. Es sah viel größer aus als auf den Fotos und war recht dunkel durch die alte Tapete und die vielen Vorhänge, aber schnell war klar: ja, das ist ein Camper für uns! Wir streichen ein bisschen, investieren in neue Bettlaken und Bezüge und machen ihn zu unserem kleinen Zuhause für die nächsten Monate. Dazu sind wir alle zusammen in ein Shopping-Center gefahren und haben Farbe, Pinsel, neue Bettwäsche und Kissen gekauft. Schnell hat Frieda einen guten Zugang zu den beiden Kanadiern gefunden und wir waren zu dem Zeitpunkt von der Gastfreundschaft schon sehr berührt. Wir besprachen zusammen den Plan, dass wir für die Streicharbeiten in Brenda und Brians Vorgarten für ein paar Tage stehen bleiben dürften und uns dann auf den Weg machen, ihre wunderschöne Insel auszukundschaften. Noch am gleichen Nachmittag und wieder zurück im Vorgarten ging es los, erste Teile aus dem Camper zum Streichen auszubauen… und eine kleine Beule an der Außenwand entpuppte sich als Wasserschaden!

Erstmal waren wir schockiert... keiner wusste von dem Wasserschaden, geschweige denn von dem Ausmaß. Was auf jeden Fall klar war: er musste behoben werden, bevor wir mit zwei kleinen Kindern „einziehen" und ein paar Monate mit dem neuen Gefährt die Wildnis Kanadas entdecken.

Bis spät in die Nacht hinein haben wir alle Teile im Bereich des Wasserschadens herausgerissen und es stellt sich schnell heraus, dass wir in diesem Zustand unmöglich und vor allem mit unseren beiden kleinen Weltentdeckern nicht wie geplant direkt im Camper übernachten können. Ganz selbstverständlich boten uns Brenda und Brian ihr Gästezimmer an, wir konnten es nicht glauben!

Was wir zu dem Zeitpunkt alle nicht geahnt haben: wir würden die nächsten drei Wochen zu viert in dem 10 qm großen beziehungsweise kleinen Gästezimmer wohnen und zwar mit Kleinkind in der Trotzphase, ohne Englischkenntnisse, mitten beim Trockenwerden, einem vier Monate altem Baby und einem riesigen Berg Arbeit.

Ohne großartige Alternativen haben wir die erste Nacht im Gästezimmer dankend angenommen und schon am ersten Abend festgestellt, dass wir uns mit dieser Lösung alle recht wohl fühlen, weil wir uns so gut verstanden.

Die nächsten Tage haben wir zusammen mit Brenda und Brian gearbeitet wie es nur möglich war. Mit Hilfe unserer heutigen Freunde, haben wir das verrottete Material entnommen und gleichzeitig alle Schränke im Camper abgebaut, die Fenster komplett freigelegt und den Camper im Prinzip komplett entkernt. Ohne fundierte handwerkliche Kenntnisse haben wir uns zu den einzelnen Schritten jeweils beraten, am Abend mehrere YouTube Videos angeschaut und nach und nach das alte Material, also hauptsächlich die alten Holzverstrebungen im Boden und an der Wand, ersetzt. Dazu durften wir die Werkzeuge und teilweise sogar die Schrauben der beiden Kanadier nutzen, was uns nochmals enorm hohe Kosten erspart hat. Wir lernten täglich nicht nur neue Begriffe kennen, sondern auch, wie ein Camper aufgebaut ist oder wie oft man grundieren und streichen muss, damit das dunkle Holz der Schränke schön hell erstrahlt. Und abends saßen wir gemütlich zusammen, genossen den kanadischen Sommer und sprachen über Kanada, Deutschland, das Elternsein und all dem, was man mit guten Freunden bespricht.

Auch wenn sich das alles wie ein großes Abenteuer anhört, so war es in Wirklichkeit sehr anstrengend. So lange Zeit in einem anfangs noch fremdem Haushalt wohnen, mit eigenen Regeln und Routinen, kann natürlich auch schiefgehen. Wir waren ein wenig geübt darin, „zu Gast“ zu sein, weil wir ein paar Wochen vor Abreise bei meinen Eltern und Freunden gewohnt haben, somit kannte auch Frieda das Gefühl. Aber während der Zeit war Frieda mitten in der Trotzphase, wollte unbedingt ihren Schnuller gegen eine elektrische Zahnbürste tauschen, was sie zwei Minuten nach dem Tausch zutiefst bereut hat, kurz: sie hat sehr viel Aufmerksamkeit benötigt, es ging nicht nur harmonisch zu, aber glücklicherweise gab es 50 m entfernt einen kleinen Spielplatz, den wir täglich besuchen konnten. Paul war noch ganz klein, konnte sich zu diesem Zeitpunkt gerade drehen und hat so ganz langsam seine Mobilität entdeckt. Aber trotz alldem hat das Zusammenleben sehr gut geklappt.

Philipp hat den ganzen Tag im Camper gearbeitet, ich habe hauptsächlich die Kinder betreut und die ausgebauten Teile abgewaschen, abgeschmirgelt, grundiert und zweimal gestrichen. Mit einem Kind in der Trage und dem anderen um mich herumspringend. Brenda stand uns mit ihrer hilfsbereiten Art und vielen Erfahrungen nach den ersten Tagen mit Rat und Tat zur Seite, während Brian wieder arbeiten ging und erst abends zu Hilfe geeilt ist. Somit war Philipp tagsüber meistens alleine im Camper und wir haben uns abends nach dem Abendessen und Hinlegen der Kinder wieder zusammen an die Arbeit gemacht, Pläne geschmiedet wie wir einen Bereich für Frieda umbauen könnten, ihr einen Rausfallschutz bauen oder wie wir neue Polster für den Sitzbereich mit Stoff überziehen. Unsere Tage starteten morgens früh und waren sehr, sehr lang. Ziemlich übermüdet und täglich mit neuen Herausforderungen konfrontiert, sind uns natürlich auch einige Fehler unterlaufen, die uns zunächst so richtig geärgert haben und uns im Nachhinein haben wachsen lassen. So kam es, dass ich Schranktüren in der falschen Farbe gestrichen habe und Philipp den neuen Boden eingebaut und vergessen hat, den ausgebauten Gastank wieder zu befestigen. Somit mussten wir die Bodenplatte zumindest teilweise wieder öffnen um den Gastank in seiner Verankerung zu verschrauben. Dinge wie diese, sind uns mehr als einmal passiert und unsere Lernkurve war extrem, denn das ist nicht nur ärgerlich, es war für uns auch ein zusätzlicher Arbeitstag und Zeit, die wir möglichst effizient nutzen wollten.

Obwohl die Situation mehr als anstrengend war, war die Stimmung bis auf wenige Ausnahmen sehr gut und ausgelassen. Dennoch wollten wir die außergewöhnliche Gastfreundschaft nicht überreizen und haben uns versucht im Haushalt einzubringen, zu kochen und gleichzeitig den Camper in einen fahrbaren Zustand zu versetzen. Zum Glück gab es einen kleinen Baumarkt in Laufnähe und die Kanadier dort waren auch extrem hilfsbereit und freundlich. Nach ein paar Besuchen mit sehr spezifischen Anfragen, haben uns die Mitarbeiter sogar schon gefragt, welche Lösung wir nun umgesetzt haben und wie es um unseren Umbau oder Renovierung steht. Für größere oder spezielle Einkäufe wie Spanplatten oder Schaumstoff für die neue Sitzbank, liehen uns

Brenda und Brian sogar ihr Auto aus. Der Gipfel der Gastfreundschaft wurde erreicht, als die beiden in den Urlaub fuhren und uns mehrfach versicherten, dass wir für ein paar weitere Tage bei ihrer Tochter Mickaela im Gästezimmer bleiben könnten. Anfänglich war Brenda und Brians Tochter überhaupt nicht begeistert, dass wir, die Fremden in ihrem Haus wohnten. Daher boten wir unverzüglich an, uns eine neue Bleibe zu suchen und die Arbeiten an einem anderen Ort fortzusetzen. Doch durch Brendas direkte und herzliche Art fühlten wir uns weiterhin willkommen und sie klärte mit ihrer Tochter die Situation. Nachdem Mickaela aus dem Urlaub kam, lernten wir uns persönlich kennen. Nach kurzer Zeit war das Eis gebrochen und sie beschäftigte sogar Frieda nach ihrer Arbeit, während Philipp und ich arbeiteten.

Sobald wir den Camper fahrbereit hatten und alle größeren Arbeiten erledigt waren, sodass wir darin wohnen konnten, verabschiedeten wir uns von Mickaela und fuhren los. Nach dieser sehr intensiven Zeit war unser Camper nicht nur noch irgendein Camper, sondern wurde zu unserer Merry. Wir nannten sie Merry, wie glücklich und happy. Genau das waren wir. Glücklich und stolz auf unser Projekt, starteten wir in unser Abenteuer Roadtrip durch Kanada. Die ersten Tage standen wir auf einem privaten Stellplatz, wo wir lernten, in unserer Merry unser Leben zu viert zu organisieren, Abwasser zu entsorgen, wie lange wir mit Frischwasser auskamen und erledigten weitere kleinere Dinge, wie die Verkleidung der Decke. Auf der Weiterfahrt haben wir dann noch eine Solaranlange auf dem Parkplatz eines

Marine Geschäfts installiert, wieder mit Hilfe eines sehr freundlichen Kanadiers, der im Marine Shop arbeitete und uns direkt bei unserem Vorhaben unterstützen wollte. Wir lernten noch einige freundliche und hilfsbereite Kanadier kennen, aber Brenda und Brian übertrafen alles an Gastfreundschaft, was wir bisher erfahren durften. Noch zweimal mehr auf unserer Tour durch B.C. und auf dem Weg in die USA trafen wir uns mit den beiden, zeigten ihnen den kompletten Umbau und nennen sie heute unsere Freunde. Obwohl wir ganze drei Wochen tagtäglich mit den beiden sehr intensiv zu tun hatten, freuten wir uns jedes Mal auf ein Wiedersehen und auch heute, nach fast einem Jahr, besteht noch ein intensiver Kontakt und regelmäßiger Austausch.

Nachdem wir mit unserer Merry mehrere Monate unterwegs waren, wurde uns schweren Herzens klar, dass die Zeit mit ihr endlich ist, wir es uns nicht leisten können sie zu behalten und gleichzeitig zu neuen Abenteuern aufzubrechen. Also versuchten wir Merry in Kalifornien zu verkaufen, was aufgrund mehrerer unglücklicher Zufälle überhaupt nicht geklappt hat. Kurz vor Weihnachten und mit kanadischer Zulassung, was angeblich kein Problem ist, aber mit Bürokratie verbunden, wollte trotz anfänglicher Begeisterung niemand, auch nach ein paar Wochen, unsere Merry kaufen. Nach einigen Krisensitzungen als Familie zogen wir Brenda und Brian zu Rate und beschlossen, dass es wohl die sinnvollste Variante sei, Merry „nach Hause“ zu fahren, von Kalifornien nach Vancouver Island, 1.500 Meilen. Im Vorgarten könnten wir sie zum „Überwintern“ abstellten und im nächsten Frühling, wenn der Camper-Markt in Kanada wieder boomt, verkaufen. In einer echten Hauruck-Aktion fuhren wir in drei Tagen vom Süden der USA in den kanadischen Winter, trafen erneut und zur Freude aller wieder unsere Freunde und gemeinsam machten wir Merry winterfest. Gleichzeitig bot ich sie online zum Verkauf an, denn Brenda schlug vor, dass sie Merry gerne einem potenziellen Käufer zeigen könnte, wie sie es damals auch bei uns gemacht hat und würde sich auch um die Kaufabwicklung kümmern. Wir klärten alle Formalitäten mit der Versicherung und Zulassungsstelle, sodass Merry theoretisch bereit für einen neuen Besitzer war. Mit Tränen in den Augen packten wir unser Hab und Gut wieder in unseren Backpack und reisten weiter nach Mexiko. Fest davon überzeugt, dass wir Brenda und Brian im Frühling wiedersehen würden, um den Verkauf selbstständig und zu einer besseren Zeit in die Hand zu nehmen, erhielt ich eine Anfrage, mitten im kanadischen Winter. Ein Interessent würde Merry gerne anschauen. Ich vereinbarte mit Brenda einen Termin und noch am gleichen Tag sollte der neue Besitzer Merry kaufen. Brenda erledigte alle Formalitäten für uns und plötzlich war Merry verkauft. Mit lachendem und weinendem Auge hatten wir zwar plötzlich unser Reisebudget wieder, aber auch keinen Grund mehr unsere Freunde auf Vancouver Island zu besuchen. Wir konnten es nicht glauben und brauchten mehrere Tage, um uns wirklich über den Verkauf zu freuen. Wir hatten so viel Herzblut in Merry hineingesteckt und dann ist sie so schnell in neuen Händen.

Aber eines ist sicher: wir werden Brenda und Brian wiedersehen und planen schon seit dem letzten Zusammentreffen ihren Besuch in Deutschland, wo wir uns von unserer gastfreundlichsten Seite zeigen werden. Wir können es kaum erwarten, ein bisschen dieser Herzlichkeit zurück zu geben.

Noch heute lächele ich und liebe es diese Geschichte zu erzählen, denn das sind die Geschichten, die nur eine Reise schreiben kann. Wir sind unendlich dankbar für diese positiven Erfahrungen und nehmen sie gern als Anlass, die gleiche Gastfreundschaft und Herzlichkeit anderen gegenüber zu zeigen.

Lisa König berichtet als @kleinekoeniginaufweltreise auf Instagram über Abenteuer im Leben ihrer Familie. Ob allein, als eingespieltes Duo mit ihrem Partner und heutigen Mann oder seit 2016 als Familie, Reisen und unterwegs sein, ist der zentrale Bestandteil ihres Lebens. Kein Kontinent blieb unverschont und die Liste der Wunschziele wächst eher, als dass sie kleiner wird. Radreisen oder mit dem Allrad durch die Wüste, mit dem Camper durch Kanada oder in kleinen Flugzeugen durch Südamerika, die Erfahrung zeigt: Grobe Ziele sollte man haben, aber der richtige Spaß beginnt erst, wenn man es schafft, sich treiben zu lassen.

www.kleinekoeniginaufweltreise.com

KAPITEL 4

Herzbeflügelt – Über Umwege zurück in die Welt

von Melanie Stählker

UNMOEGLICH – sagt deine Angst,
ZU VIEL RISIKO – deine Erfahrung,
SINNLOS – dein Zweifel,
VERSUCHS – fluestert dein Herz.

\- *unbekannt*

Es ist Dezember 2019. Wir setzen zur Landung an. Ich drücke meine Stirn gegen das Fenster und eine Welle von Emotionen überkommt mich, meine Augen füllen sich mit Tränen. Ich kann es noch gar nicht richtig glauben. Ich habe es wieder getan. Die Welt hat mich wieder. Den Träumen, den Sehnsüchten hinterher, meinem Herzen gefolgt. Du hast mich wieder, Welt. Guten Morgen, Asien.

Ich bekomme einfach nicht genug von diesem Planeten. Dieser Duft nach unbekannten Ländern und Kulturen. Das Reisen in fremde Welten und auch ein Stück weit zu mir selbst.

Schon lange ist eines sicher: Mein Leben wird gelebt, nach meinen Werten und am liebsten den Träumen hinterher. Wie heißt es so schön? Träume sind da, um sie zu verwirklichen. Ausreden zählen nicht. Auf keinen Fall sollen der angeborene Herzfehler und die Herzrhythmusstörungen ein Grund dafür werden, ein Leben in Angst und Mangel zu leben. „Du reist trotz deines Herzfehlers um die Welt? Ist das nicht ein bisschen riskant?“, höre ich besorgte Stimmen fragen. Und weißt du was? Ich lebe meinen Traum von örtlicher Freiheit nicht trotz meiner Krankheit, sondern vielleicht sogar genau deswegen. Denn wenn mir mein Herz eines gelehrt hat, dann, wie wichtig es ist, im Einklang mit seinen Werten und Elementen zu sein. Dieses Leben ist einfach zu einmalig und voller Wunder, wenn wir nur genau hinschauen. Und ich habe entschieden, es auszupacken. Und zwar mit Herzfehler. Hand in Hand bereisen wir nun seit zehn

Jahren die Welt - in unserem Tempo, aber unaufhaltbar.

Diese Einstellung galt als ein treuer Begleiter und so fand man uns irgendwo auf diesem Planeten. Ozeanien, Südostasien, Indonesien, Europa, … Gerne an sonnigen Orten und am liebsten nicht zu weit vom rauschenden Meer entfernt. Aber warum schreibe ich plötzlich in der Vergangenheitsform?

Weil manchmal dann doch irgendwie alles anders kommt, als man es sich ausmalt. Denn das Leben hat hin und wieder, ganz ungefragt, einfach mal vollkommen andere Pläne. Und genauso kam es dann auch. Und zwar im Sommer 2019.

Es sollte eine entspannte Zeit unter der kanarischen Sonne werden. Wandern auf Vulkangestein, Sand an den Füßen, Salz auf der Haut, Picknick bei unvergesslichen Sonnenuntergängen, Gespräche mit Freunden bis tief in die Nacht. So oder so ähnlich sahen die Bilder vor meinem inneren Auge auf den tropischen Inseln, den wundervollen Kanaren, aus. Anfänglich schien alles auch noch sehr vielversprechend. Ich sollte nicht enttäuscht werden. Nahezu deckend mit meinen Vorstellungen verliefen die ersten zwei Wochen, bis zu jener Nacht, die mein Leben im Nullkommanichts auf den Kopf stellte. Bis zu jener Nacht, in der mein Herz unkontrolliert und wild tanzte. Ein Takt, der nicht zu kontrollieren war. Todesangst machte sich breit und schnell war klar: Das schaffe ich nicht allein. Die Fahrt im Krankenwagen kam mir ewig vor. Und dann ging doch alles so schnell. Verkabelt, an Maschinen angeschlossen fand ich mich später von Ärzten und Pflegepersonal umgeben im Krankenhaus wieder.

Wo war sie hin die Lebensfreude? Die Freiheit? Das Lachen? Stattdessen fanden Angst, Verzweiflung und das sinkende Vertrauen in den eigenen Körper ihren Platz in mir. Die kühle Atmosphäre im Krankenhaus, das stechende grelle Licht in den Augen, der klinische Geruch in der Nase und die hektischen Gespräche mit den Ärzten, ließen mich für eine Weile erstarren. Nach Wochen der emotionalen Achterbahnfahrt sorgte ein liebevolles Zuhause bei Freunden für Ruhe. Runterkommen, verarbeiten und akzeptieren was war und besonders neues Vertrauen in mich und meinen Körper zurückgewinnen. Einkäufe erledigen, im Wald spazieren gehen, allein wohnen, Auto fahren, … Die normalsten Dinge meiner „alten" Welt wurden plötzlich zu einer großen Herausforderung. Zu präsent waren all die Bilder und Erfahrungen der letzten Wochen. Stress- und Angstbewältigung standen nun an der Tagesordnung, denn eins war klar: Ich musste diese Angst bekämpfen. Akzeptieren, was war und über mich hinauswachsen, um wieder frei zu sein. Örtlich, aber vor allem mental. Zuerst in Begleitung von Freunden und nach und nach auf eigene Faust, schaffte ich es zurück in den Alltag. Langsam, sehr langsam, entdeckte ich das Vertrauen zurück in meinen Körper. Was ist, wenn es wieder passiert? Was ist, wenn die Krankheit wieder zuschlägt? Die Angst wurde dennoch zu einem recht treuen Begleiter. Aber aufgeben war von Anfang an keine Option und somit gab es täglich kleine Aufgaben zu erledigen, um mich der Angst zu stellen. Die Größe der

Herausforderungen wuchs mit der Zeit und somit fand ich mich eines Tages mit einem Flugticket in der Hand am Flughafen wieder. Viereinhalb Stunden Flug. Auf ging es von den Kanaren nach Deutschland. Allein der Gedanke ließ meinen Puls in die Höhe schießen. Doch es war klar: Es gab keine andere Wahl, als mich der Angststörung zu stellen. Das Vertrauen musste unbedingt zurück. Und somit stieg ich in Begleitung mit der Flugangst, zitternden Beinen und pochendem Herz in den Flieger.

Tränen der Erleichterung und Dankbarkeit liefen die Wangen im Landeanflug herunter. Dieses Gefühl, größer als die Angst zu sein, füllte mich mit so einer unglaublichen Kraft und somit war ich wieder einen Schritt näher an einem Leben in Freiheit und ohne Grenzen.

Das Abenteuer in Deutschland konnte also beginnen. Der Empfang hätte nicht besser sein können. Frische klare Herbstluft stieg mir in die Nase und die Farben der Blätter schimmerten bunt im Sonnenlicht. Von den Spaziergängen im duftenden Laub bekam ich gar nicht genug und der kühle Wind auf der Haut, wenn es mit dem Rad durch die Straßen ging, waren wie Balsam für die Seele. Die gemütlichen Stunden mit der Tasse Tee und den Lieblingsmenschen auf dem Sofa und das Toben und Tollen mit dem Patenkind, holten mich zurück ins Hier und Jetzt. Deutschland meinte es offensichtlich gut mit mir. Momente voller Zauber und Magie. Einfach mal vergessen dürfen und anstatt in Angst und der Vergangenheit zu leben, wurden Augenblicke der puren Gegenwart genossen.

Aber was wäre eine wahre Nomadin und Weltenbummlerin ohne Gedanken an die nächste Reiseplanung? Es gab dort diese Stimme in mir, die wieder nach Abenteuern und dem Duft der Freiheit suchte, diese Stimme, die sich nicht allzu lang in der Komfortzone ausruhen wollte. Wir hatten schließlich einen Auftrag zu erledigen. Und da hörte ich diesem inneren wilden Dialog zu. Dem Dialog zwischen dem Anteil der Besorgnis vor dem Fliegen, der Ungewissheit, dem Misstrauen in den eigenen Körper und dem Anteil, der sich Freiheit, Abenteuer, Unbefangenheit, tropische Wärme und Wiedersehen mit Freunden in der Ferne herbeisehnte. Es wäre alles so einfach gewesen, wenn die Erinnerungen und die Angst vor einem erneuten Ausbruch der Krankheit nicht so präsent gewesen wären.

Rückblickend scheint es klarer denn je, zu dem Zeitpunkt jedoch war das Bewusstsein, Hilfe in Anspruch zu nehmen, nicht gegenwärtig. Dieser Gedanke existierte ganz einfach nicht. Bisher habe ich schließlich alles irgendwie allein hinbekommen. Mich jemandem anzuvertrauen, der für eine Weile meine Hand nimmt und mich zurück in dieses Leben voller Vertrauen ohne Grenzen und Entfernungen begleitet, ignorierte ich und so begann stattdessen der Versuch, meine Träume und Sehnsüchte nach fernen Ländern nach und nach zu verdrängen.

Und während ich gedankenverloren und verzweifelt meine Lebens- und Reisepläne von links nach rechts schob, klopfte eines Tages das Schicksal an meiner Tür. Als hätte jemand meinem Versuch, zurück in die

Welt einer Dauerreisenden zu gelangen und meiner Geschichte gelauscht. Über Umwege und viele Zufälle fand ich mich an einem grauen und verregneten Novembertag in einem tiefen Gespräch mit einem Alternativmediziner wieder. Eine Begegnung, die wohl der ausschlaggebende Grund dafür ist, warum ich dir heute diese Geschichte von einem Balkon in Nordthailand schreibe. Eine Person, die mir die richtigen Fragen stellte, die mir zuhörte, die mir Mut machte. Eine Person, die mir Techniken zur Angstbewältigung an die Hand gab, die mir das Vertrauen in meinen Körper zurück gab.

Es war, als hätte sich ein Schalter umgelegt. Es ist unglaublich, welch eine Auswirkung und lebensverändernde Kraft, eine Begegnung mit einem Menschen mit sich bringen kann. Plötzlich war er da, dieser letzte Funken Zuversicht, der mir noch fehlte, um wieder vollkommen aufzustehen und loszulaufen, und zwar den Träumen hinterher. Meinem Leben. Und das gehört einfach dieser Welt, ohne Entfernungen, den vielfältigen Kulturen, der Freiheit und dem Abenteuer. Nicht ohne Grund lebe ich seit 2017 komplett ortsunabhängig. In den Gesprächen, an diesem besagten regnerischen Novembertag, wurde mir klarer denn je, dass ich dieses freie Leben auf keinen Fall so schnell aufgeben möchte. Es gab am Ende nur eine Möglichkeit, und zwar musste ich lernen mit dem Schicksalsschlag im Sommer 2019 und dem Trauma umzugehen. Es war wichtig, mit den Erinnerungen Frieden zu schließen und von nun an nach vorne zu schauen. Loslassen, anstatt daran festzuhalten.

Für diese Begegnung hätte es keinen besseren Zeitpunkt in meinem Leben geben können als an diesem stürmischen Novembertag. Die Gespräche waren wohl die wertvollsten, die ich seit langem geführt hatte. Schicksalsschläge passieren. Und sie werden wieder passieren, um von ihnen zu lernen und an ihnen zu wachsen. Egal wo auf diesem Planeten, werden wir schweren Zeiten begegnen. Wir sind vor ihnen gewiss nicht gewappnet, aber in der Zwischenzeit darf das Leben ausgepackt und gelebt werden. Als ich das verstand, löste sich die Angst für einen Moment in Luft auf. Der Moment dauerte glücklicherweise so lange an, dass es reichte, in dieser Zeit meine Reise nach Südostasien und Indonesien zu organisieren. Auf das erste transformierende Gespräch folgten noch weitere. Ich war wieder bereit. Bereit für die Welt. Es ging alles so schnell, denn schon Mitte Dezember befand ich mich über den Wolken auf dem Weg in den fernen Osten. Wer jetzt glaubt, dass damit all die Ängste und all das Misstrauen in meinen Körper der Vergangenheit angehörten, den muss ich an dieser Stelle leider enttäuschen. Auch heute noch überkommt mich immer mal wieder eine Welle der Furcht und Unsicherheit. Der Unterschied zu vorher ist, dass ich gelernt habe, mit solchen Momenten anders umzugehen. Wir, mein Herz und ich, reisen nun Hand in Hand um den Globus und leben die Herzensträume eben in unserem Rhythmus, aber wir leben sie. Der Angst schauen wir heute liebevoll ins Gesicht, bringen sie zur Ruhe und gehen in Vertrauen weiter.

Ohne diese Begegnung wäre ich nicht da, wo ich heute bin. Während ich diesen Text schreibe, schweift mein

Blick immer mal wieder ab, auf Bananenstauden und Palmen und es tut gut, auf all diese Meilensteine zurückzublicken. Es tut gut, zu sehen, was alles möglich ist. Eine Welle der Dankbarkeit überkommt mich, für all die Erfahrungen, diese eine Begegnung, die mir die Augen öffnete, mir den Mut und die Zuversicht in mich und meinen Körper zurückgab und all die Begegnungen und Erfahrungen, die ich seitdem erleben durfte. Nie zuvor habe ich mich so intensiv mit mir selbst auseinandergesetzt. Was ein absolutes Geschenk ist, da es einige Ansichten in meinem Leben veränderte und vor allem bereicherte.

Nicht nur, dass mich die Welt mit neuen Erkenntnissen zurück hat, sondern ist durch die Krankengeschichte im Sommer 2019, dem ganzen Auf und Ab in Folge und der lebensverändernden Begegnung im November 2019, auch das Projekt *Herzbeflügelt* entstanden, womit ich in Zukunft so viele Menschen wie möglich zu einem angstfreien, gesunden und selbstbestimmten Leben bewegen möchte. Gerade unter Menschen mit angeborenem Herzfehler ist die Angst ein großes Thema. Angst ist ein Räuber, der uns in Mangel und Anspannung leben lässt. Aber wir können ja glücklicherweise wählen, auf welcher Seite des Lebens wir uns bewegen möchten. Und um das zu verstehen, braucht es eben manchmal eine Begegnung. Einen Mutmacher. Jemand, der darüber spricht und aufzeigt, welches Potenzial wirklich in dir steckt und dass sich Grenzen zumeist lediglich in unserem Kopf befinden.

Begegnungen im Leben passieren nie ohne Grund. Sie können unglaubliche Chancen mit sich bringen und so wertvoll sein. Manche Zusammentreffen bleiben für immer in unserer Erinnerung und können wahrlich lebensverändernd sein. Eine dieser bewegenden Begegnungen durfte ich im November erfahren, wofür ich wohl ewig dankbar sein werde.

Melanie Stählker lebt als selbstständige interkulturelle Trainerin und Sprachcoach ihren Traum der Ortsunabhängigkeit. Ihre Leidenschaft für Sprachen, fremde Länder und Kulturen zieht sie seit bereits zehn Jahren in die Ferne und so machte sie sich die Welt zu ihrem Zuhause. Melanie ist wohl ein guter Beweis dafür, dass man auch mit Handicap seine Träume verwirklichen kann. Auf ihrem Instagram Kanal *Herzbeflügelt*, schreibt sie über ihr Leben als Reisende mit Herzfehler und macht anderen Mut, ihr Leben in Fülle, anstatt lähmender Angst zu leben.

Instagram: @Herzbefluegelt

KAPITEL 5

Hitchhikers Heaven

von Steffi Vanderfu

» Once more I would enter that sacred realm, where I feel most complete – being on the move. «

- *Jamie Maslin*

„Hey guys, you look little bit worn out. To be honest, like raped squirrels. Do you need a lift?“ Taten wir? Höchstwahrscheinlich. Die letzten Stunden verbrachte ich mit meinem Travelbuddy Nico auf Ladeflächen verschiedener Pick-Ups und dementsprechend abgekämpft sahen wir aus. Wenn wir eins neben Schatten, kalten Getränken und einer Dusche nötig hatten, dann eine Weiterfahrt, die uns all diesen Wünschen näherbrachte.

Auf die gleiche Weise, wie ein Backpacking-Trip nicht immer lockerleicht und unkompliziert ist, kann sich Trampen manchmal als eine ziemlich zermürbende Angelegenheit gestalten. Man ertappt sich während des Reisens, in manchen Momenten, beim Herbeisehnen der persönlichen Komfortzone, was Widrigkeiten unterschiedlichster Art entspringen kann. Magendarmkrankheiten, welche in fernen Ländern zwangsweise in Kauf genommen werden müssen, zehren an vor die Hunde gehenden Kraftreserven. Diverse Parasiten, die sich im Körper einnisten und dich ausmergeln, als gäbe es keinen Morgen mehr. Unfreiwillige Blutegelfütterungen oder kuschelige Stunden mit Bettwanzen, Sandfliegen und Horden von Moskitos kreuzen das Backpackerdasein. Unruhige Nächte in Schlafsälen mit sechzehn oder mehr Menschen, stellen die Nerven auf eine harte Probe der Belastbarkeit – erst recht, wenn Pablo morgens um fünf das Licht anknipst, um lautstark seinen Rucksack zu packen oder Valencia Sex mit Juan Gonzalez praktiziert. Verborgene, wie unschöne Fakten *behind the scenes*, die innerhalb der sozialen Medien selten auftauchen. Ein Hashtag mit *my life is better than your vacation,* macht eben mehr her als ein Post mit *fünf Stunden erfolglos am Straßenrand auf eine Mitfahrgelegenheit gewartet und dabei von Moskitos aufgefressen worden.* Backpacken ist zwar nicht immer Zuckerschlecken (vertraue nicht auf semantische Zusammenhänge, nur weil Wörter sich reimen), doch tauschen möchte ich meinen derzeitigen Lebensstil mit niemandem mehr. Selbst wenn diese ausgelebte Sehnsucht nach Ferne stellenweise kräftezehrende Komponenten sowie Grenzerfahrungen am persönlichen Limit mit sich bringt, ist Langzeitreisen die Lebensform, die das Potential der bezauberndsten Fantasie in sich birgt und dabei gleichzeitig real ist. Ein wahrgewordener Traum, aus dem ich niemals wieder erwachen möchte.

Beim Reisen wächst man über seine Komfortzone in einer Art und Weise hinaus, wie es Zuhause nicht möglich wäre. Man weiß niemals wo der Tag endet, was sich bis dahin alles ereignet – geschweige denn, wem man begegnet. Stattdessen schließt man einen Pakt mit dem Zufall und erteilt dem Universum die Erlaubnis, von nun zu entscheiden, welchen weiteren Verlauf alles nehmen mag. Nach einer Weile wirst du süchtig nach diesem Lebenskonzept, welches das komplette Gegenstück zum heimischen Alltag verkörpert. Die willkürliche Ereignisdichte beim Reisen, wird durch bestimmte Faktoren abermals erhöht. Hitchhiken ist eine dieser Komponenten – hat man einmal damit begonnen, kann man es nur schwer wieder sein lassen. Und warum sollte man auch? Kommen dadurch doch dermaßen viele wunderbare Ereignisse und Begegnungen zustande, aus denen sich die besten Geschichten entwickeln. Diese folgen einem nicht vorhandenen Plan entlang eines Skripts mit ungewissem Ausgang. In den meisten Fällen erwachsen positive Erlebnisse, wenn man alles offen auf sich zukommen lässt. Als wollte die Welt dich dafür belohnen, sie angstbefreit, unvoreingenommen und mit geballter Lebenslust zu entdecken. Vielleicht vergibt das Universum virtuelle Creditpoints an Menschen, die sich aufmachen, die Vielseitigkeit dieses Planeten zu erfahren – analog zu denjenigen *Super Mario*-Spielern, die Geheimgänge lediglich aus dem Grund entdecken, weil sie sich getraut haben, vom herkömmlichen Weg abzuweichen. Manchmal braucht man einfach nur die Eier, Dinge anzugehen oder den Mut, sie passieren zu lassen. Tatsächlich hatten Nico und ich weder einen Plan noch ein Ziel, als wir einige Stunden zuvor unser abgewetztes Pappschild hochhielten. In Thaischrift informierte es die Autofahrer, dass wir gerne mitgenommen werden wollten, wobei das Ziel zweitrangig war. Ein Inselleben kann das Schönste sein, was dir unter dieser Sonne widerfahren kann. Aber nach gewisser Zeit eines unverschämten Ausmaßes an Nichtstun, hatten wir beide das Gefühl, dass jetzt mal wieder was *passieren* müsse – mit anderen Menschen, an unbekannten Kulissen und mit neuen Möglichkeiten der Tagesgestaltung. Diesen Szenenwechsel wollten wir mit Trampen in die Tat umsetzen. Wir hatten keine Wunschvorstellung, wo wir nach Koh Chang[1] landen wollten. Höhere Mächte, wie Schicksal und Zufall, denen du dich beim Hitchhiken bereitwillig hingibst, sollten den Entscheidungsprozess für uns regeln. Und so positionierten wir uns am Rand der einzigen Inselstraße, die durch das Dorf führte. Kurz darauf hielt ein Pärchen an, das uns freundlicherweise mit zum Hafen nahm. Auf der Fähre Richtung Festland, hatten wir abermals sofort Glück und durften hinten auf der Ladefläche eines Pick-Ups Platz nehmen.

Dies hat zwar den Nachteil, dass man dabei nicht mit dem Fahrer sprechen konnte, wies aber den klaren Vorteil auf, vom Fahrtwind abgekühlt zu werden. Solange es nicht regnet, ist das beim Trampen mein favorisierter Platz und glücklicherweise gibt es in Thailand viele Autos mit großen Ladeflächen, welche den besten Ausblick bieten. Der Fahrer nahm uns von der Fähre aus eine gute Stunde mit, bevor er uns am Einkaufscenter neben einem vielbefahrenen Highway absetzte. Viele Leute hielten an, lediglich um uns zu erklären, sie hätten keinen Platz, da ihr Auto komplett überladen mit Einkäufen sei. Manche entschuldigten sich regelrecht dafür. Im selben Moment, als sich eine kleine Niedergeschlagenheit in uns breitzumachen drohte, hielt ein Auto, in welches wir uns auf die Rückbank zwischen die Einkäufe quetschen durften. Sie setzten uns in der nächsten größeren Stadt ab. Von der Überzeugung maritimer Nähe durchflutet, stapften wir ambitioniert in Richtung des nahen Meeres – nun, zumindest die *Richtung* stimmte. Ich kann beim besten Willen nicht rekonstruieren, weshalb wir uns damals einbildeten, die Stadt würde direkt am Wasser liegen. Dass es sich hierbei lediglich um ein realitätsfernes Konstrukt innerhalb unserer kognitiven Sphäre handelte, war zu diesem Zeitpunkt ein noch ungelüftetes Geheimnis. Da die Sonne am Zenit stand und ohne Unterlass auf uns niederbrannte, machten wir uns auf die Suche nach einem Café. Ich trottete eine Weile hinter Nico her und meine Vorfreude, alsbald das Meer und uns darin zu erblicken, schrumpfte mit jeder passierten Ecke, welche allesamt nur weitere Betonabschnitte fernab ozeanischer Paradiese offenbarten. Als ich gerade dabei war, meine Unleidlichkeit auf Nico zu übertragen, rief Robin von der anderen Straßenseite zu uns rüber. *Abgekämpft, wie vergewaltigte Eichhörnchen sähen wir aus.* Meinetwegen, der Teufel ist ein Eichhörnchen und auf der dunklen Seite ist es doch meistens spaßiger. Eichhörnchen sind süß, wer liebt sie nicht – und hey, war da nicht noch von "mitgenommen werden" die Rede? Wenn man sich mittels Trampen fortbewegen möchte, braucht man hin und wieder einen langen Atem und lernt, Nerven wie Drahtseile auszubilden, Langeweile aus- und Hoffnung aufrechtzuhalten. Aber so schlauchend, wie stundenlanges Warten bei Temperaturen in der oberen 30-Grad-Marke auch sein mag: das in dir aufkeimende Glücksgefühl, sobald ein Gefährt neben dir zum Stehen kommt, kann mit keinem Wort der Welt beschrieben werden. Und wenn dir jemand ungefragt aus freien Stücken einen Lift offeriert, dann hast du den Jackpot des Hitchhikens geknackt – erst recht, wenn Menschen wie Robin daherkommen. Dieser verstaute beide Rucksäcke elegant im Koffer- und uns im klimatisierten Innenraum des Wagens, was in mir ein *Gott-in-Frankreich*-Gefühl auslöste. Glücklicherweise befanden wir uns auf dem asiatischen Kontinent, weit weg von Europa und dessen kalten Winter. Stattdessen saßen wir nun schweißgebadet in einem vollklimatisierten Auto und freuten uns darauf, bald ins Meer zu springen. Robin amüsierte sich prächtig, da wir glaubten, uns ganz in der Nähe davon zu befinden. Tatsächlich trennten uns elf Kilometer von der Küste und wir waren mehr als froh, diese nicht laufen zu müssen. Wie sich herausstellte, gab es dort allerdings keine Hostels und die Resorts überstiegen unser Backpacker-Budget bei weitem. „Ihr könnt erstmal mit zu mir nach Hause kommen. Dort trinken wir im Garten ein kühles Bier und kümmern uns dann um eine Unterkunft. Wie klingt das für euch?“ schmunzelte Robin uns an. Wir waren zu ausgelaugt für höfliche *Nicht-nötig*-Floskeln, denn dies hätte ohnehin nicht der Wahrheit entsprochen, da wir Sonnenpause und Dusche dringend nötig hatten. Robin schien das bereits vor uns klar zu sein und welcher Schicksalswink ihn auch immer zu uns sandte – uns hätte es nicht besser treffen können. Ein bisschen fühlte ich mich wie ein Kind, welches jegliche Verantwortung und Sorgen mit dem Zeitpunkt abgenommen bekam, in dem sich die Tür des Wagens öffnete. Robin war die Sorte Mensch, die ungefragt das Ruder in die Hand nahmen, ohne dir damit zu nahe zu treten. Dies war wohl seiner britischen Höflichkeit verschuldet, die er auch nach zwölf Jahren wohnhaft in Thailand, nicht gänzlich ablegen konnte. Da er ebenso gern Dinge in die Tat umsetzte, wie er redete, sahen wir uns kurze Zeit später im Garten seines Bungalows am Flussufer sitzen und sprachen über Gott und die Welt, wobei wir Ersteren als Gesprächsgegenstand erfolgreich ausklammerten.

Richtet jemand die Frage an mich, aus welchem Grund ich gerne trampe, ist dies leicht beantwortet: die Begegnungen mit anderen Menschen. Man hat die Chance, seinen Horizont zu erweitern, indem man vergangene Erfahrungen teilt. Über bedeutungsschwangere Sinnfragen des Lebens wird ebenso debattiert, wie man beispielsweise sein persönliches Statement zu nicht korrekt produzierter Kleidung in Bangladeschs Textilfabriken untermauert. Man redet über Probleme des alltäglichen Lebens oder lernt etwas über Motorsport, Fischfang und Kunstgeschichte – je nachdem, wer mit dir im Auto sitzt. Sobald Menschen für eine begrenzte Zeitspanne zusammenkommen, entsteht eine gnadenlose Offenheit, obwohl man sich Minuten zuvor noch vollkommen fremd war. Diese erwächst aus einer besonderen Form der Verbundenheit, ohne sich zu kennen. Ähnlich einem Vertrauenskredit, den man sich im Voraus entgegenbringt, weil man nach der Fahrt gänzlich unverfänglich auseinandergeht und somit keinerlei Berührungspunkte im zukünftigen Dasein bestehen. Dieser Umstand scheint es Menschen zu ermöglichen, sich ihrem Gegenüber intensiver offenbaren zu können. Während in öffentlichen Verkehrsmitteln jeder sein eigenes Süppchen kocht und bloß nicht angesprochen werden möchte, lernt man beim Hitchhiken eine ganze Palette Menschen kennen, die eine lapidare Autofahrt zu einer faszinierenden Erfahrung werden lassen. Die Spanierin Juanita klagt dir unter Tränen den nichtverarbeiteten Schmerz einer gescheiterten Beziehung und Shryar raubt dir mit dem Bericht über seine Flucht aus Syrien den Atem. Mit Diego aus Argentinien fluchst du über familiären Wahnsinn, wie er in jeder Sippschaft vorzukommen scheint – ob am anderen Ende der Welt in Patagonien oder im tiefsten Bamberg.Zwar befanden wir uns mittlerweile nicht mehr in Robins

Auto, sondern im Garten hinter seinem Haus, doch wussten wir nach 15 Minuten bereits um seine psychisch kranke Exfrau in England sowie dem Beziehungsabbruch zu seiner Tochter. Nach einer weiteren Viertelstunde schmissen wir unsere Rucksäcke in Robins Zweitwohnung welches sich ebenfalls auf dem ausschweifenden Gelände, der durch Security bewachten Wohnanlage[2] befand. Hierin zog er sich zurück, wenn ihm seine Thaifrau und die drei Kinder auf den Geist gingen. Anscheinend war das momentan nicht der Fall und er ließ uns das Appartement so lange nutzen, wie wir wollten. Während wir in den riesigen Swimmingpool sprangen, füllte Robin den Kühlschrank mit Bier und stellte uns einen Roller vor die Tür. In der Folge verbrachten wir unsere Zeit, indem wir per Roller die Gegend erkundeten, im Kanu den Fluss entlangpaddelten, der durch die Wohnanlange ins Meer mäanderte und mit Robin essen gingen (wobei er stets darauf bestand, die Rechnung zu übernehmen). Abends gruben wir am Meer die Füße in den Sand, tranken Bier und beobachteten den Sternenhimmel. Als wir ein paar Tage zuvor am Rand der Inselstraße auf Koh Chang standen, hatten wir nach nichts verlangt und lediglich durch eine Verkettung an Zufällen so vieles bekommen. Aber da Reisen und Stillstand in gewisser Weise gegensätzliche Komponenten sind, verließen wir nach einiger Zeit Robin und die paradiesische Anlage. Wir waren uns vollkommen im Klaren darüber: nach dieser Erfahrung würde erstmal lange kein Lift kommen, der toppen könnte, was Robin uns selbstlos offerierte. Für naive Träumereien solcher Art, hatten wir bereits zu viele Erfahrungen auf unserem

Hitchhiking-Konto zu verbuchen. Jedoch konnten wir beide unabhängig voneinander behaupten, dass man mit Trampen die wunderbare Erkenntnis füttert, dass sich mehr gute Menschen als schlechte auf der Welt bewegen.

Hast du keine Angst, dass ich dir etwas antun könnte? Diese Frage taucht seitens der Fahrer, die mich freundlicherweise mitnehmen, häufig auf. Meine Antwort liegt im Bauchgefühl begründet, welches mich bisher in Form eines sicheren Kompasses durch die Welt gelotst hat: *Die Wahrscheinlichkeit, zwei Serienkiller im gleichen Auto vorzufinden, wäre ziemlich gering.*, lockert als Standardantwort die Situation auf. Es sei denn, meine Mitfahrgelegenheit versteht den Witz dahinter nicht – dann macht sich ein sonderbares Gefühl breit. Trampen brachte mich bereits in manch seltsame Situation. In Zentralthailand stiegen Nico und ich einmal zu einem älteren Schweizer und einem viel zu jungen Thaiboy ins Auto. Während der Fahrt stellte sich heraus, dass sie seit zwölf Jahren verheiratet waren. Nico und ich sind Beziehungskonstellationen jeglicher Art gegenüber gänzlich tolerant, aber es fiel uns schwer zu glauben, dass ein damals 18 Jahre junger Thai lieber einen reichen Fünfzigjährigen heiratet, anstatt sich für Personen seines Alters zu interessieren. Zu denken, man wäre nicht gerade Zeuge des Sugar Daddy-Phänomens, wäre mehr als blauäugig.

Vereinzelte Hitchhiking-Momente überforderten mich, wenn ich mich in einer Region befand, wo blonde und hellhäutige Menschen eine Seltenheit waren. Mit der Flut an Fotoshootings muss man erstmal klarkommen.

Manchmal konnte ich die Selbstlosigkeit im Verhalten mancher Leute nicht deuten und ich hatte weder die richtigen Worte noch Handlungen parat. Als mir ein Balinese einmal am Ende der Fahrt einen Ring schenken wollte, konnte ich dies so gar nicht einordnen und lehnte mehrmals ab. Meine indonesische Freundin Rosa erklärte mir im Nachhinein, die Leute würden dir nichts schenken, sofern es für sie nicht vertretbar wäre. Eine Ablehnung von Geste, Geschenk oder Gastfreundschaft wäre eher verletzend als höflich. Anderen eine Freude zu machen, ist eine wichtige Komponente der indonesischen Lebensphilosophie. Nun, es war mein erstes Mal in diesem faszinierenden Land und rückblickend habe ich viele Situationen erst im Nachhinein verstehen können.

Aber was passiert, wenn du doch mal zu dem falschen Menschen ins Auto steigst? Auch diese Frage wurde bereits oft an mich gestellt. Die Köpfe der Menschen sind randvoll mit Massenmördern, Sexualverbrechen, Terrorismus, Geiselnahmen und Gewalt. Zugegeben: Serienmörder wie Ivan Milat, der in Australien sieben Backpacker auf dem Gewissen hat, verursachen durchaus mulmige Gefühle. Aber so blöd es auch klingt: Es wird geschehen, was geschieht. Auf die wenigsten Dinge im Leben können wir Einfluss nehmen. Dies ist allgemein bekannt, verwendet doch jeder Floskeln wie „Jederzeit kannst du von einem Auto überfahren werden“. Doch von einem *Carpe diem*-Lebensstil sind die meisten Menschen weit entfernt. Bislang ist beim Trampen immer alles gut gegangen und sowas wie vorsorgliche Panik, kenne ich beim Reisen nicht. Das ist in gewisser

Weise gut wie es auch schlecht ist. Diese naive Zuversicht in die Welt, eröffnet ein Potential an Chancen, maximal viel von ihr zu erfahren, weil ich minimal wenig scheue. Selbstredend sollte man sich, bevor man in ein Land reist, über gewisse Dinge wie politische Unruhen, Krankheiten oder giftige Tiere informieren. Es kann hilfreich sein zu wissen, dass Trampen alleinreisender Frauen in Laos als Aufforderung zur Prostitution fehlinterpretiert wird. Ohne diese Kenntnis entwickelt sich ein schlechtes Bild laotischer Männer, die nicht beabsichtigte Signale lediglich ihrem kulturellen Verständnis nach und doch falsch gedeutet haben. Allerdings sollte es bei der Informationsebene bleiben und nicht in Beunruhigung oder Panik abdriften. Vollends kopflos sollte man wahrlich nicht durch die Welt gehen, aber eine Prise Leichtsinn passt besser ins Gepäck als belastende Zweifel.

Das deutsche Bedürfnis nach Sicherheit verstehe ich immer weniger, je länger ich reise. In Deutschland versucht man sich vermeintliche Sicherheiten zu schaffen, indem man für alles eine Versicherung abschließt, massenhaft Geld auf Bankkonten anhäuft und in Immobilien investiert. Doch inwiefern schützt einen das, wenn Übermorgen eine Inflation stattfindet oder das Rentensystem, in welches ich brav zwanzig Jahre eingezahlt habe, nach einundzwanzig Jahren zusammenbricht? Und wer garantiert einem, seine Pension überhaupt *zu erleben*? Im Leben gibt es für nichts eine Sicherheit, doch das scheinen die wenigsten zu begreifen. Oder schlichtweg nicht aushalten zu können, weshalb sie sich durch menschengeschaffene

Pseudogarantien absichern möchten und dabei nicht begreifen, damit lediglich einen goldenen Käfig um sich herum zu bauen. Wir wachsen in einem der sichersten Länder der Erde auf – aber der Mut für Neues und Veränderung, Zufall und das Annehmen unvorhergesehener Komponenten geht uns gänzlich verloren. Es scheint, furchtlose Helden unserer Kindheit, wie Ronja Räubertochter oder Pippi Langstrumpf, hätten uns gar nichts gelehrt. Packt lieber den Rucksack, um euch für eine Weile in der Welt zu verlieren – das macht euch reicher als Bausparverträge und Riesterrente. Dass einem unterwegs mehr positive als negative Ereignisse widerfahren, lediglich weil man sich bereitwillig in unbekannte Situationen begibt, beweisen zahlreiche Reiseautoren. Den wahrhaften Beweis, dass Hitchhiken selbst über lange Distanzen funktionieren kann, bilden Traveler wie Jamie Maslin, der die komplette Strecke von Tasmanien nach London getrampt ist[3]. Zudem trifft er den Zahn der Zeit, denn grüner als mit Hitchhiken, Couchsurfen und Zelten, kann Reisen bei weitem nicht gestaltet werden.

Indem ich Hitchhiken in meinen Reisestil integrierte, ließ ich dadurch so viel mehr in mein Leben als lediglich eine Transportmöglichkeit. In der Folge konnte ich von einer Vielzahl guter Erfahrungen und wunderbarer Begegnungen berichten. Meistens habe ich mehr bekommen als lediglich eine Fahrt von A nach B. Ein Kanadier brachte meinen Gaumen in Nordthailand mit der Nudelsuppe meines Lebens in Kontakt und erzählte mir alles über sein Kaffeeplantagen-Business. Daniel zeigte mir in

Westmalaysia seine Lieblingsorte und Yavar nahm mich mit zu einem Barbecue, weil er an dem Tag, als ich zu ihm ins Auto stieg, Geburtstag hatte. Zurückgeben kann ich denselben Menschen niemals, was sie damals für mich taten, weil sich unsere Wege lediglich kurz berührten. Sie bestätigten mir, was ich bereits wusste, als ich die Beifahrertür meines ersten Lifts öffnete: dass es sich lohnt, in andere zu vertrauen. Man wird beschenkt mit Begegnungen, von denen sich manche auf ewig in Kopf und Herz meißeln. Zugegeben, solch ein wahrhaftiger Himmel auf Erden im Hitchhiking-Gewerbe, wie Nico und ich ihn bei Robin erfahren durften, passiert nicht alle Tage – aber wenn man dem Ganzen erst gar keine Chance gibt, sicherlich niemals.

[1] *Koh* ist die thailändische Bezeichnung für *Insel, Chang* bedeutet *Elefant.* In Thailand gibt es zwei Inseln mit dem Namen *Chang* - eine in der Andamanen-See, nahe an Myanmar und eine im Osten des Landes, welche im Golf von Thailand liegt. Wir befanden uns auf Letzterer.

[2] Welche eher einem luxuriösen Ferienresort glich.

[3] Seine Erfahrungen hat er in dem Buch *The long hitch home* niedergeschrieben.

Steffi Vanderfu trat 2016 ihren ersten Solo-Backpacking-Trip an. Seitdem hat sie ihr Herz ans Traveln verloren, ist quer durch Südostasien gereist und gründete eine Eco-Library im Norden Balis. Weil die Fernsucht nicht aufhörte, folgten weitere Reisen, bis sie letzten Endes ihre damaligen Sozialarbeiter-Jobs kündigte, ihren Besitz in eine Garage einlagerte und sich selbst ein Geschenk machte: ein One-Way-Ticket nach Chiang Mai (Thailand). Sie trampte durch Asien, couchsurfte in Europa, Kanada und schließlich Zentral- und Südamerika. Ihre Erlebnisse hält sie in einem Buch fest, welches voraussichtlich dieses Jahr unter dem Titel *Saya mau lagi – Ich will mehr davon* veröffentlicht wird. Zudem stellt sie einige ihrer Erfahrungen von Unterwegs, in Form von Kurzgeschichten, auf folgender Homepage zur Verfügung:

www.leaflove.earth (Ein Teil der Verkaufserlöse wird für grüne Projekte, wie die Eco-Library oder den Regenwaldschutz gespendet.)

KAPITEL 6

Patagonien –

Wenn dein Herz zu deinem Kompass wird

von Alicia Bayer

» How is it possible
to feel nostalgia for a world
I never knew? «

- *Ernesto Che Guevara*

Es ist März 2017 und ich sitze in einem Café in Rio de Janeiro. Ich bin gerade erst einen Monat unterwegs, ausgebrochen aus meinem Hamsterrad und glücklich, endlich frei zu sein. Mein Leben schien perfekt. Ich wohne in einer Favela auf einem Berg, der mir den Blick über Rio ermöglicht. Ich habe viel gelernt, vor allem, dass diese Welt alles ist, aber nicht das, was über sie erzählt wird. Eine Favela beispielsweise ist nicht zwangsläufig ein gefährlicher und böser Ort. Im Gegenteil, gerade hier wurde ich mit offenen Armen und so viel Liebe empfangen, durfte echten Zusammenhalt erfahren und schnell merken, dass Geld nicht die wahre Währung des Lebens ist. Ich durfte die volle Lebensfreude und Energie einer ganzen Stadt spüren und selbst erleben – im Karneval von Rio. Ich war glücklich und frei, und vor allem hatte ich das erste Mal das Gefühl, ich selbst sein zu können.

Was viele von uns vergessen, ist, dass wir es selbst in der Hand haben, wie wir unser Leben gestalten. Egal wo wir herkommen, was uns beigebracht wird, wie sehr uns die Medien beeinflussen, es sind immer noch wir allein die unser Leben in eine bestimmte Richtung leiten können. Auch ich hatte das vergessen, ließ mich von der Gesellschaft leiten und passte mich an. Das schlimme, ich bemerkte so lange nicht, wofür mein Herz wirklich schlägt.

Da sitze ich nun in Rio, mit offenem Herzen und endlich bereit all die Liebe, all die Impulse und all die Herausforderungen des Lebens in mich aufzusaugen, als mein Blick plötzlich an einem Bild hängen bleibt und sich nicht mehr löst.

Meine Augen fangen an zu leuchten und mein Herz schlägt schneller. Ich schaue auf gigantische schneebedeckte Berge, die mit ihren schwarz-weißen Spitzen den Himmel zu erreichen scheinen. Eiskristalle treiben auf dem smaragd-blauen Wasser und ich kann den Wind und die Sonne dieses Moments auf meiner Haut spüren. Mir wird, trotz der Hitze Rios, ganz kalt und dann doch wieder warm und eine Gänsehaut breitet sich auf meinem Körper aus. Ich stelle mir vor, wie ich dort stehe, im Angesicht dieser Riesen, dieser Weite und dieser unglaublichen Schönheit, doch erst das Glas, was neben mir zu Boden fällt, und die damit verbundene kalte Dusche, reißen mich aus meinem Gedanken. Der Kellner entschuldigt sich und bringt mir sofort ein Handtuch, doch ich rühre mich nicht. Ich bin immer noch sprachlos von diesem Moment, dieser Gänsehaut auf meinem Körper und dem damit verbundenen Gefühl, was ich so nicht kannte.

„Tudo bem? Olà?“ (Alles okay, Hallo?)
Ich schüttle mich und komme langsam wieder in diese Welt zurück. Noch immer nicht realisierend, was da eigentlich gerade passiert ist. Ich entschuldige mich, zahle meine Rechnung und laufe ziellos durch Rio. Ich versuche mich abzulenken, dieses Bild zu vergessen, doch es lässt mich einfach nicht los. Ich muss zurück in dieses Café und herausfinden, wo dieser magische Ort ist.

Zurück im Café, schaut mich der Kellner verwirrt an und fragt, ob ich etwas vergessen hätte. Doch ich bin längst wieder in Gedanken versunken und starre auf dieses Bild: *„Wo mag dieser Ort wohl sein und wie ist es dort zu stehen, vor diesen Riesen, die nahezu den Himmel erreichen. Was ist das für ein Gefühl in mir. Irgendwie sieht es kalt dort aus. Brr.. ich mag keine Kälte und Schnee ist ekelhaft, aber es sieht so wunderschön und friedlich aus…“*

„Das ist Patagonien!“ Ich werde aus meinen Gedanken gerissen. „Pata-was?“ „Patagonien, der wohl schönste Ort der Welt! Ich war selbst noch nie dort, aber mein Großvater hat mir viel von diesem Ort erzählt, es muss magisch sein, wie auf einem anderen Planeten.“ Wie auf einem anderen Planeten, das trifft es gut, denn genauso fühle ich mich gerade. Mein Herz schlug schneller, meine Augen fingen erneut an zu leuchten. „Wo ist dieser Ort?“, fragte ich. „Ganz unten im Süden, Argentinien oder Chile, ich weiß es nicht genau. Aber ich kann dir etwas zeigen, wenn du möchtest. Mein Großvater lebt leider nicht mehr, aber er hat mir ein Tagebuch hinterlassen, indem er über seine Erlebnisse in Patagonien schreibt, wenn du möchtest zeige ich es dir?“ In meinem Körper wurden wohl gerade alle Glückshormone gleichzeitig ausgeschüttet, denn aus meinem Mund schoss ein schnelles, aufgeregtes: „Oh ja bitte!“

Manchmal begegnen uns Menschen in unserem Leben, die aus einer einfachen Begegnung einen unvergesslichen Moment machen. Sie sind wie Wegweiser, die nur auf uns gewartet haben, um uns in die richte Richtung zu leiten, auch wenn wir vorher gar nicht wussten, dass diese Richtung überhaupt existiert. Riccardo war so ein Mensch.

Ich hatte zuvor nie daran gedacht, mal in die

Berge zu fahren und schon gar nicht daran, in einem verlassenen Café, bei 40 Grad, bis spät in die Nacht, mit einem fremden Mann zu sitzen und mir Geschichten von Bergen und dem ewigen Eis anzuhören. Doch es fühlte sich einfach richtig an! Er verbrachte spontan und völlig selbstlos seinen gesamten Feierabend damit, mir die Geschichten seines Großvaters zu erzählen. Wunderschöne Geschichten von smaragd-blauen Seen, gigantischen Bergen und Gletschern, die so groß waren, dass man nicht mal ihr Ende erahnen konnte. Aber auch Geschichten von Schneestürmen, Überschwemmungen und dem Kampf ums Überleben. Doch die schönsten Geschichten handelten von Begegnungen: Begegnungen mit anderen Menschen, mit Tieren aber vor allem mit sich selbst.

Ich war gefesselt und wie hypnotisiert, doch eins wurde mir an diesem Abend klar: Wir sind nicht auf dieser Welt, um ein Leben zu Leben, was uns vorgelebt wird. Wir dürfen selbst Schöpfer unserer eigenen Realität sein. Und außerhalb unserer Komfortzone, außerhalb unseres gesellschaftlichen Rahmens, ist so viel mehr. Vielleicht können wir es manchmal nicht sehen, in unseren Zementstädten, in unserem Stress, unseren Büros und im Kampf mit uns selbst immer perfekt zu sein. Doch was, wenn da draußen noch viel mehr ist? Was ist, wenn wir unser Leben gar nicht richtig Leben? Mit der Entscheidung zu meiner Reise, war ich bereits einen großen Schritt gegangen und nun schien das Universum mich vor den nächsten Abgrund zu stellen und ich hatte die Wahl, ob ich springe und vielleicht fliege oder hier stehen bleibe und so niemals erfahren werde, was dieses Gefühl in mir zu bedeuten hatte. Ich traute mich noch nicht zu springen, aber für mich war klar, dass ich diesen Sprung irgendwann auf meiner Reise wagen würde.

Einen Monat später liege ich wach in Buenos Aires und muss über die Geschichten von Riccardos Großvater nachdenken. Verbunden damit, denke ich an meinen eigenen Vorsatz, den Schritt ins Unbekannte zu wagen und einfach mal etwas komplett Neues auszuprobieren. Zwar tat ich dies jeden Tag auf meiner Reise, aber irgendwie war es etwas Anderes für mich. Da war so viel Demut für diesen Ort in mir. Ich hatte Respekt vor dieser Kälte, vor dem Zelten und vor dieser unglaublichen Schönheit! War ich überhaupt bereit dafür? Doch wann ist man überhaupt bereit?

Beim Frühstück komme ich mit einem Amerikaner ins Gespräch, der zufällig vor ein paar Monaten in Patagonien war. Er klärt mich deutlich und unmissverständlich darüber auf, dass ich noch nicht bereit bin.

„Die Saison ist so gut wie vorüber, das Wetter wird jetzt langsam sehr schlecht, verschieb das lieber auf die nächste Saison, das kann ziemlich ungemütlich dort unten werden. Hast du denn überhaupt Wander- und Outdoorerfahrung? Und wie sieht deine Ausrüstung aus?“ Alles Fragen, die ich mir noch nicht gestellt hatte. „Es ist atemberaubend schön, doch dort ist es anders als in der Stadt. Es ist kalt und windig. Der Wind ist unberechenbar, es ist als könnte man fliegen, aber es ist auch sehr gefährlich. Nichts für ein

Mädchen wie dich. Man braucht wirklich viel Erfahrung und eine gute Ausrüstung, manchmal hat man alle vier Jahreszeiten an einem Tag, man kann nicht planen. Hast du denn überhaupt einen Partner? Allein ist das viel zu gefährlich! Ich war schon wieder in meinen Gedanken versunken und sagte kein Wort. Dies ist übrigens sehr ungewöhnlich für mich. Ich rede eigentlich immer ununterbrochen, ohne Punkt und Komma. Meine Freunde würden mir manchmal am liebsten den Mund zu kleben. Schweigen? Das kenne ich nicht. Doch diese Momente waren anders: es passierte etwas in mir. Dieses Bild hatte etwas in mir ausgelöst, von dem ich zwar noch nicht wusste was es war, aber es weckte eine Neugierde in mir, die es nicht mehr zuließ, tatenlos zu bleiben. Ich musste dort hin, egal wie und egal zu welchem Preis. Das stand fest!

„Hallo Madam?" Er fuchtelte wild mit seiner Hand vor meinem Gesicht. „Hast du mir überhaupt zugehört?" Ich schreckte aus meinen Gedanken hoch und schaute ihn an. „Ähm, ja sorry. Wie genau komme ich denn dahin? Und was für eine Ausrüstung brauche ich?" Er schaut mich verwirrt an. Sicherlich hatte er erwartet, dass ich mir das ganze ausreden lasse. „Du kannst runterfliegen und dann sind es nur noch vier Stunden mit dem Bus bis Puerto Natales. Dort starten die meisten mit dem Nationalpark Torres del Paine, wunderschön. In El Calafaté ist dieser Gletscher, du glaubst nicht wie groß er ist. Aber wie gesagt, die Saison ist jetzt vorbei." Fliegen kam für mich nicht in Frage, das hatte ich zum Start meiner Reise so entschieden und dabei wollte ich auch bleiben. Irgendwie musste man auch anders dort runterkommen. „Kommt man auch mir dem Bus darunter? Und wie viel Wandererfahrung brauche ich denn dort? Kann ich das nicht alles dort lernen? Bis auf die Aussichtspunkte in Rio, bin ich noch nicht wirklich gewandert." Er lachte und schaute mich mitleidig an. „Ohne Flugzeug? Vergiss es! Das ist viel zu weit. Und Darling, das da unten ist echt kein Kindergarten, du musst vorbereitet sein und am besten einen Mann wie mich dabeihaben. Lass es lieber sein, du bringst dich noch um." Er zwinkerte mir zu und stand auf, da seine Fähre nach Uruguay gleich fahren sollte.

Seine Worte hallten noch lange in meinem Kopf nach und ich begann zu zweifeln. *„Eigentlich mag ich doch gar keine Kälte. Und Schnee? Igitt! Kalt und nass und meistens dreckig. Und Zelten? Ist das überhaupt etwas für mich? Ich habe doch noch nie gezeltet, außer in der Jugendfreizeit, aber das gilt wohl nicht."* Allgemein hatte ich kaum Reiseerfahrung. Der Weg dort runter war extrem weit, die Saison vorbei. Ich hatte keinerlei Erfahrung und auch keine Ausrüstung. Alles sprach dagegen, also versuchte ich meinen Wunsch und dieses Verlangen zur Seite zu schieben, so wie es uns unser Leben lang beigebracht wird. Doch es ging nicht!

„Das kannst Du nicht. Das macht man nicht. Das ist zu gefährlich. Was sollen die anderen denken? Das ist doch verrückt!" Kommen dir solche Sätze bekannt vor? Ich wollte mich nicht mehr limitieren lassen. Genau aus diesem Grund bin ich auf diese Reise gegangen. Also tat ich es auch jetzt nicht und begann zu recherchieren.

Eine schlaflose Nacht später, saß ich völlig übermüdet, aber voller Energie und Tatendrang beim Frühstück. Ich hatte herausgefunden, dass es Backpacker gibt, die per Anhalter an fast jeden Ort dieser Welt gelangen. Ich fand es faszinierend, aber doch noch eine Nummer zu groß für mich. Und so fand ich glücklicherweise eine Busverbindung, die mich in circa 40 Stunden an mein Ziel bringen sollte. Also lief ich nach dem Frühstück zielstrebig Richtung Bushaltestelle, um mein Ticket zu kaufen. Ich war aufgeregt und stotterte am Schalter in gebrochenem Spanisch vor mich hin. „Direktverbindung wohin?" er schaute mich ungläubig an. „Gibts nicht! Aber ich habe hier ein Ticket nach Río Gallegos, von da aus geht es dann weiter." Er tippte mit seinen wurstigen Fingern auf der Tastatur rum und druckte mein Ticket aus. „Das macht 2652 ARS (40€), dauert 36 Stunden. Viel Glück!" Er lachte leicht gehässig und gab mir das Ticket.

„Wo ist Río Gallegos überhaupt und wie komme ich jetzt noch schnell an eine Ausrüstung?"

Zugegeben ich war extrem unorganisiert und unvorbereitet, aber ich war mir sicher, ich werde das schon schaffen. Also machte ich mich auf den Weg zum nächsten Outdoor-Geschäft. Es sollte mein erster Besuch in so einem Laden werden und ich hatte noch fünf Stunden bis zur Abreise.

Im Laden angekommen erntete ich noch mehr ungläubige und belächelnde Blicke. Doch ich lies mich nicht verunsichern und verließ den Laden mit einem Haufen Kleidung, viel zu schweren Schuhen und einer riesigen Portion Vorfreude. Ups, schon fünf vor sechs.

In einer Stunde fährt mein Bus. Jetzt aber schnell Sachen packen und los.

Es war mein erster Nachtbus und wohl auch die längste Busfahrt meines Lebens. Los ging die Reise: 36 Stunden, hin zu einem unbekannten Ort, irgendwo im Nirgendwo im südlichen Argentinien, von dem es hoffentlich eine Verbindung nach Chile geben wird. Wäre ich reiseerfahrener gewesen, hätte ich sicher gewusst, was auf einer 36-stündigen Busfahrt alles schieflaufen kann und so wurden es, nach vielen Kontrollen und einer Panne, am Ende 50 lange Stunden. Hungrig und total übermüdet stieg ich aus dem Bus aus. Ich war im wahrsten Sinne des Wortes im Nirgendwo gelandet. Der Busbahnhof war winzig und schien geschlossen zu sein und drum herum einfach nichts. Internetempfang? Fehlanzeige!

„Du wolltest Abenteuer? Bitte hier hast du eins! Du könntest schön im Warmen sitzen und Städte erkunden, aber nein, du musstest ja raus. Mal sehen, wie du jetzt hier wegkommen möchtest.“

Ich schob meine negativen Gedanken zur Seite, knabberte an meinen letzten Müsliriegel und entschloss mich zu warten. Und ich hatte Glück, ein paar Stunden später kam ein Bus, der mich zur Grenze fahren sollte, also nicht ganz aber zumindest nach Río Turbio, der Stadt vor der Grenze. Von dort sollte ein Shuttle nach Puerto Natales fahren. Kurz vor Sonnenuntergang kam ich in Río Turbio an und natürlich fuhr dort kein Shuttle. Es war einfach schon zu spät. Selbst die Taxen, die ohnehin zu teuer gewesen wären, hatten ihre Dienste eingestellt. Und nun stand ich dort wieder, in einem kleinen Dorf am

Ende der Welt, wo alle Bordsteine bereits hochgeklappt waren.

Meine Reise schien unter keinem guten Stern zu stehen. Meine Reise an einen Ort, von dem ich eigentlich Nichts wusste. Eine Reise, die aus einem einfachen Bild an einer Wand und den Geschichten eines verstorbenen Großvaters entstanden ist. Und wegen diesem Bild stehe ich jetzt allein am Straßenrand und weiß nicht weiter. *„Ganz so weit kann es doch nicht sein. Ich kann bestimmt laufen.“* Also lief ich los, immer Richtung chilenische Grenze, nichts ahnend, wie weit, Weite sein kann.

Es wird langsam dunkel und mein Körper signalisiert mir, dass ich eine Pause brauche. Es geht leicht bergauf, mein Gepäck ist ungewohnt schwer und der Wind stark. Ich beginne zu zweifeln. *„Was ist, wenn ich nie dort ankomme? Was ist, wenn das ganze eine Nummer zu groß für mich ist? Wenn ich schon an diesem Weg scheitere, wie soll das erst in den Bergen werden. Vielleicht hatte der Amerikaner recht und ich werde hier sterben. Und wie zum Teufel komme ich jetzt hier weg.“* Da fielen mir plötzlich wieder die Backpacker ein, die per Anhalter reisen und auch wenn der Gedanke, einfach bei Fremden im Auto mitzufahren, für mich mehr als absurd war, war es wohl meine einzige Chance. Ich drehte mich Richtung Straße, um das erste Mal in meinem Leben ein Auto anzuhalten. Ich wusste nicht mal wie das geht und Gedanken schossen durch meinen Kopf, wie: *„Halten die einfach an? Was erzähle ich den Menschen? Halten die mich nicht für eine Landstreicherin? Hoffentlich verstehen die mich überhaupt.“*

Ich glaube wirklich an Schicksal und Fügung, dass Dinge geschehen, weil sie eben genauso passieren sollen. Und so hielt noch während meines Gedankenchaos ein Auto neben mir an, ohne das ich überhaupt versucht hatte eines anzuhalten. Ein Pärchen lächelte mich an und öffnete sofort die Tür für mich. „Was machst du denn so spät hier draußen? Sollen wir dich mitnehmen? Ist dir nicht kalt?“ Ungläubig und sprachlos musste ich erst einmal mein Spanisch sortieren und erzählte ihnen von Puerto Natales und das ich dort unbedingt hinmusste, wegen diesem Bild. Elmira lachte und schaut mich voller Vertrauen an. „Wir wohnen dort, es ist unsere Heimat. Steig ruhig ein, du wirst es dort lieben!“

Ich weiß nicht warum ich den beiden so schnell vertraute, aber es fühlte sich einfach richtig an und meine Zweifel und Ängste verflogen. Die Gespräche im Auto waren wundervoll. Ich erzählte ihnen von meiner Reise und dem Bild, warum ich hier war und sie erzählten mir von Patagonien, von dieser unberührten wunderschönen Natur, ihrer Heimat. Da war dieses Gefühl wieder: ich konnte es kaum noch erwarten endlich anzukommen.

Das Pärchen setzte mich direkt vor meinem Hostel *Last Hope* ab. *Last Hope* war mehr als passend, denn sie waren auf dieser Landstraße wirklich meine letzte Hoffnung. Wie Schutzengel, die das Universum geschickt hat, um mir zu zeigen, dass ich auf dem richtigen Weg bin.

Nach fast 70-stündiger Anreise wurde ich im Hostel mit einem breiten Lächeln, einer heißen Tasse Tee und einem Kamin empfangen. Zum Glück, ich war nämlich halb erfroren. Eduardo, der Hostelbesitzer, fragte mich nach meinen Reservierungen der Campingplätze und der Route für den Park. Zu seiner Verwunderung hatte ich weder Reservierungen noch einen wirklichen Plan. „Da muss ich dich leider enttäuschen, ohne Reservierungen wird es schwer und übermorgen ist der letzte Tag, um in den Park zu kommen, die Camps schließen langsam, die Saison ist vorbei." Doch er vernahm das Funkeln in meinen Augen, diese unglaubliche Ausstrahlung, die man nur hat, wenn man etwas wirklich von ganzem Herzen möchte. Und so schenkte er mir ein Lächeln und bot mir an, mir morgen zu helfen, auch wenn die Chancen mehr als gering waren.

Voller gepackt hätte der nächste Tag nicht sein können und da man online nicht mehr reservieren konnte, musste ich von Büro zu Büro laufen. Eduardo musste leider im Hostel bleiben, er erklärte mir aber kurz, wo ich die Camps reservieren konnte, mein restliches Equipment herbekomme und wo der Supermarkt ist und so zog ich los.

Zugegeben, es war eine total verrückte Idee. Komplett unerfahren, noch nie ein Zelt aufgebaut oder einen Gaskocher bedient, sich für eine Woche in die Berge zu begeben und das noch am Ende der Saison mit fast leeren Camps. Aber hey, beginnt das Leben nicht genau da? Außerhalb unserer Komfortzone? Können wir nicht erst da wirklich fühlen, wirklich spüren, dass wir leben? Wenn wir aus dem Sicheren und Gewohnten ausbrechen? Ich wusste es nicht, aber ich wollte es probieren, mehr als alles andere.

Circa vier Stunden später stehe ich mit allen Reservierungen bei Juan im Laden, um mein Equipment zum Zelten abzuholen. Er sucht mir alle Sachen zusammen, lässt aber die Hälfte fallen, als ich ihn frage, wie man ein Zelt aufbaut. „Du hast noch nie ein Zelt aufgebaut?“ Das hatte ich tatsächlich nicht und schaue ich ihn unschuldig und schulterzuckend an. „Was machst du eigentlich hier? Also warum möchtest du unbedingt in diesen Park?“ Ich erzähle ihm die ganze Geschichte und plötzlich ändert sich etwas in seinem Blick. Er hätte vermutlich alles wieder wegpacken sollen, aber stattdessen schloss er den Laden ab und nahm sich Zeit, mir alles von vorne bis hinten zu erklären. Er erklärte mir auf was ich achten musste, wie man Alles benutzt und aufbaut, besprach mit mir die Route und ging mit mir ein paar wichtige Tipps zum Verhalten in der Wildnis durch. Am Ende des Abends, erstellten wir noch eine Einkaufsliste, schließlich musste ich mich die nächste Woche selbst versorgen können. So ging ich mit einem neuen Freund im Herzen und einer Menge Gepäck in Richtung Supermarkt.

Am nächsten Morgen springe ich um fünf Uhr aus dem Bett! Ich packe meine letzten Sachen und hüpfe in den Bus, der mich in die Berge bringen soll. Ich bin aufgeregt und voller Vorfreude. Mein Abenteuer wird Heute beginnen! Doch plötzlich, so nah am Ziel, breitet sich eine unbeschreibliche Angst in mir aus. *„Was ist, wenn es mir doch nicht so sehr gefällt? Vielleicht ist meine Erwartungshaltung zu groß. Vielleicht habe ich mir diesen Ort als zu schön ausgemalt und werde am Ende enttäuscht sein.“* Der Bus stoppt einen Moment und ich kann kurz aussteigen, frische Luft einatmen und einen Blick in die Ferne werfen. Die Fahrt soll noch eine Stunde dauern und es lässt sich bereits erahnen, was mich erwarten wird. Die Landschaft ist hier schon atemberaubend schön. Ich steige wieder ein und plötzlich wird mir klar, dass bereits meine ganze Reise hierher, Teil meines Abenteuers war. Ich habe so viel erlebt, bin über meine Grenzen hinausgewachsen und Menschen begegnet, die für immer Lehrer in meinem Leben und Herzen bleiben werden.

Der Bus hält an. Ich bin da! Mir stockt der Atem schon jetzt. Kann das alles Wirklichkeit sein? „Vamos! Das wirst du noch die ganzen restlichen Tage sehen. Jetzt heißt es beeilen und ab auf die Fähre. Na los! Auf was wartest du?“ Die Dame am Nationalpark, kann meine Faszination scheinbar nicht verstehen. Kein Wunder, wir Menschen neigen dazu, die Schönheit im Gewohnten nicht mehr zu sehen. Sehen wir etwas jeden Tag, und es kann noch so schön sein, wird es oft zur Gewohnheit und wir verschließen unsere Augen. Ich jedoch habe die Augen weit aufgerissen, denn für mich ist diese Natur von unermesslicher Schönheit. Es ist genau wie auf diesem Bild. Die Fähre fährt durch smaragd-blaues Wasser in dem hellblaue Eiskristalle schwimmen. Wenn ich ganz genau hinsehe, funkeln sie, durch die Reflexion der Sonne, wie Diamanten. Im Hintergrund tun sich gewaltige Riesen auf, die den Himmel zu erreichen scheinen. Besonders ins Auge fallen mir die Berge *Los Cuernos,* welche durch ihre schwarzen, nahezu perfekten Spitzen auf dem grauen Fels besonders auffallen. Neben ihnen türmt sich ein mächtiger, schneebedeckter Berg, der mir ein unglaubliches Gefühl von Kraft und Stärke gibt, auf. Es ist ein Kunstwerk der Natur, was mit Worten kaum zu beschreiben ist. Da war ich, in meiner Welt, wo ich hingehörte und in die ich mich unwiderruflich und für immer verliebt habe.

Ich setze mich auf den Rand der Fähre und atme tief ein! Die Luft hier Draußen ist kalt, aber sie ist auch so viel frischer, als ich es mir je hätte erträumen können. Es ist als könnte ich das erste Mal in meinem Leben richtig durchatmen. Niemals zuvor habe ich mich so glücklich, frei und authentisch gefühlt, wie in diesem Moment. Die Fähre hält an und ich mache mich auf den Weg zum ersten Camp, der Wind ist stark und zum ersten Mal verstehe ich, was der Amerikaner mit dem Fliegen meinte. Er ist so stark, dass ich mich mit meinem gesamten Körpergewicht zurücklehnen kann, während der Wind mich trägt. Es ist wirklich fast wie fliegen. Ich bin ganz in diesem Moment. Das hier ist das Jetzt. Der Wind fegt um meinen Körper und lässt in diesem riesigen See ganze Wassermassen tanzen. Ich muss weiter, doch der Gegenwind ist so stark, dass ich extrem kämpfen muss, um voranzukommen. Und es ist genau dieses Gefühl der Lebendigkeit, das Leben im Hier und Jetzt, die Bereitschaft des Körpers und die Stille im Kopf, die mich an dieser Situation so faszinieren. Mein Körper ist müde, aber meine Seele beginnt gerade erst zu Leben.

Der Wind lässt nach und das Gehen wird wieder leichter. Ich bin erschöpft, hungrig und müde und einfach nur noch froh, wenn ich am Camp ankomme. Komplett ohne Training und Erfahrung ist es doch sehr anstrengend, aber ich weiß ich kann es schaffen. Mit einem Mal ist all der Schmerz vergessen und ich komme aus dem Staunen nicht mehr raus. Ich habe noch nie zuvor so etwas Faszinierendes gesehen. Pures Eis, so mächtig, so makellos geformt und so strahlend blau. Ich halte einen Moment inne und setze mich auf die Mitte einer riesigen Hängebrücke, um diesen Anblick noch mehr genießen zu können. Meine Beine baumeln von der Brücke herunter und von oben gesehen muss ich nur ein winziger kleiner Punkt auf dieser Brücke und vor allem in dieser gigantischen Landschaft sein. Es sind Größen, die man nicht fassen kann. Ich befand mich an einem Ort außerhalb meiner Komfortzone. Ich bin hungrig, mir ist kalt und meine Füße schmerzen, zudem sitze ich auf einer Hängebrücke, die im Wind schaukelt und unter mir geht es hunderte Meter in den Abgrund. Doch hier, gerade hier bin ich gezwungen einfach nur zu spüren und den Moment zu genießen. Es bringt mich zum Kern meines Lebens, es lässt mich alles akzeptieren was ist, ich gebe mich der Natur hin. Hier muss ich meine Gefühle nicht verstecken. Ich kann wieder spüren und fühlen, die Natur limitiert nicht.

Nach einer überraschend warmen und ruhigen Nacht heißt es frühstücken, Zelt abbauen und weiter. Ich trage noch das Lächeln des gestrigen Tages im Gesicht und bin super gespannt, was mich heute alles erwartet. Ich fühle einen ungewohnten Durst nach dem Leben in mir. Während ich noch verträumt meine Sachen zusammenpacke, läuft mir plötzlich ein kleiner Fuchs über den Weg. Ich beobachte ihn fasziniert und auch er scheint sehr neugierig zu sein. Mir wird klar, was wir in unserer, sich immer schneller drehenden Welt, verpassen. Diese Ursprünglichkeit und Einfachheit der Natur. Ich bin einfach dankbar für das, was ich hier erleben darf! Die wilden Tiere teilen ihr "Wohnzimmer" mit mir. Ich bin mitten in der Natur, ich bin ein Teil von ihr. All meine Sinne erwachen. Ich spüre plötzlich den Boden unter meinen Füßen, rieche den süßen Duft der Blumen und sehe selbst die kleinsten Bewohner unserer wunderschönen Erde. Es ist das Flüstern der Natur, was ich an diesem Morgen kennenlernen durfte. Und es war ein ungewohntes Gefühl in mir, das Gefühl des Angekommenseins.

Ich könnte dir noch stundenlang, nein Tage, Wochen oder sogar Jahre von meinen Erfahrungen, Gefühlen und Erkenntnissen aus dieser Zeit in den Bergen erzählen, denn die Natur ist wohl der strengste, aber auch beste Lehrer, den ich mir je hätte vorstellen können. Ich habe in der Natur und vor Allem in den Bergen etwas gefunden, was mich mehr erfüllt und erdet, als alles andere auf dieser Welt und es war purer Zufall oder doch Schicksal, dass ich meinen Weg dorthin gefunden habe.

Wenn du noch nichts gefunden hast, was du leidenschaftlich gerne machst, dann folge deiner Neugierde so lange, bis du etwas entdeckst, dass dir dieses Gefühl gibt. Wenn wir offen sind, offen für die Hinweise, die uns das Universum gibt und bereit sind, Begegnungen in unserem Leben als Wegweiser oder Lehrer zu verstehen, dann sind wir bereit, unsere eigene Geschichte zu schreiben. Denke immer daran: du hast nur dieses eine Leben und du allein kannst entschieden, wie du es gestaltest.

Alicia Bayer liebt die Berge. Bis zu ihrer Weltreise 2017, wusste sie nicht einmal, welche Schönheiten in unserer Welt existieren und somit auch nichts von ihrer Leidenschaft. Doch durch einen glücklichen Zufall und all ihren Mut, entdeckte sie ihre Liebe. Seitdem ist ihr kein Ziel zu weit und kein Berg zu hoch und so erklimmt sie die Gipfel dieser Welt. Doch da ist noch eine andere Liebe, die Liebe zu einem Land, was ihr von der ersten Sekunde ihr Herz geraubt hat, Indien.

Instagram: @fraeuleinweltenbummel
www.fraeuleinweltenbummel.de

KAPITEL 7

Hellsehen im Oldedalen

von Theo Schmitz

» The truth is not out there!
Aber es gibt da draußen viele
tolle Leute und Geschichten,
die es zu erleben gilt. «

Nachdem ich ungeplant schon seit zweieinhalb Wochen in Norwegen unterwegs bin, habe ich das Bedürfnis, etwas Geld zu sparen und nicht abermals in einem einfachen, aber dennoch teuren Hotel unterzukommen.

Noch immer befinde ich mich auf meiner Motorradtour rund um die Ostsee. Ich bin nun seit ca. vier Monaten unterwegs und hatte Norwegen eigentlich gar nicht eingeplant, da es kein Ostsee-Anrainerstaat ist. Von Finnland aus, mit der BMW GS rauf Richtung Nordkap zu fahren, gefolgt von der spektakulären norwegischen Küste und nicht runter durch die dichten schwedischen Wälder, war dann aber doch zu verlockend. Da gibt es nicht so viel zu sehen. Und Zeit hatte ich noch genug in meinem Sabbatjahr. Meine Tour hatte ich gegen den Uhrzeigersinn begonnen und war somit zunächst in Polen, Kaliningrad, dem Baltikum und St. Petersburg gewesen. Der finanzielle Haken an dieser Richtung ist, dass es von Land zu Land teurer wird. Insbesondere die Übernachtungen, wenn man so ungern zeltet, wie ich. Das habe ich bislang auf der Runde höchstens zehnmal gemacht. Die Bierpreise stiegen auch ständig!

Ich bin nun auf dem Weg zum Briksdalsbreen, einem Gletscher, der besonders sehenswert und gut zu erreichen sein soll, wie mir andere Motorradfahrer tags zuvor berichtet haben. Das Gebiet um den Gletscher liegt etwa 500 km nordwestlich von Oslo.

Abends erreiche ich am Fuße des Gletschers die Ortschaft Olden, die diverse Hotels zu bieten hat. Eines teurer als das andere und so fällt mein Blick auf ein Schild an der Straße, das auf einen Übernachtungs-

Sonderpreis hinweist. Nur 585,- Kronen, also mal deutlich unter 100,- €, was eine willkommene Abwechslung ist.

Unterwegs bin ich ohne Smartphone, Navi oder sonstige elektronische Hilfsmittel. So lasse ich mich von Ort zu Ort treiben, ohne zu wissen, wo ich als nächstes übernachte. Das hat schon zu wildem Camping geführt, Übernachtungen in Wohnwagen, beim Bischof von Kaunas, Waldhütten und auf Schiffen. Sehr spaßig!

Das Hotel liegt in schöner Natur, ist jedoch ein wenig einladender 1970er-Jahre-Bau. Immerhin fließt der Gletscherfluss in der Nähe vorbei, sattgrüne Wiesen umgeben das Haus. Kein Wunder, hat es doch in diesem schlechtesten Sommer seit 48 Jahren schon genug geregnet. Ein solcher Sommer entschleunigt eine Motorradtour doch ganz gewaltig. Mir ist es relativ egal, wie das Hotel beschaffen ist, da wir schon 20.30 Uhr haben und ich in meiner Regenkleidung recht durchgefroren bin. Ich möchte raus aus den nassen Sachen.

Ein etwas umständlich verlaufender Kiesweg führt mich vor den Haupteingang, durch dessen gläserne Tür ich quer durch die Lobby eine eisgraue Dame auf der Terrasse rauchen sehe.
Sieht immer noch nicht einladend aus hier, aber weiterzusuchen ist jetzt nicht mehr angesagt.
Ich will nur warm und trocken werden, schlafen, frühstücken und morgens zum Gletscher wandern.

Die Dame schmeißt ihre Zigarette weg und kommt zur Rezeption, wo sie mich freundlich und in fließendem Englisch begrüßt.

Ihr weißes Haar fällt auf die faltige Stirn, von wo aus sich die Falten weiter über das gesamte Gesicht ausbreiten. Ihre Augen sind hellwach und sie kommt mir nicht mehr so alt vor, wie auf den ersten Blick. Mein Eindruck ist eher, dass sie, aufgrund zu starken Rauchens, einen frühzeitigen Alterungsprozess im Gesicht ausgelöst hat, denn sie riecht völlig verqualmt. Sie möchte den Zimmerpreis in bar haben und ich biete ihr drei 200 Kronen-Noten an, die sie nicht wechseln kann. Nur einen Fünfziger hat sie in einem Briefumschlag und so bekomme ich das Zimmer für 550,- Kronen. Mir fällt ein, dass ich in den Hosentaschen unter der Regenkleidung noch Kleingeld habe, bin aber zu faul das rauszukramen und denke: "Ist ja nicht mein Problem, wenn sie nicht wechseln kann und außerdem tut dieser zusätzliche Discount meiner Reisekasse gut." Sie fragt mich, wann ich frühstücken möchte, da sie kein großes Buffet stundenlang stehen lassen wolle, zumal ich der einzige Gast sei.

Jetzt fällt mir auch diese beinahe unheimliche Ruhe in dem Gebäude auf. Es kommt mir insgesamt recht sonderbar vor. Sie habe eigentlich nicht mit mir als Gast gerechnet, sondern mit einem Ehepaar aus Lübeck, erfahre ich. Nur wegen dieses Paares sei das Hotel heute überhaupt geöffnet. Es seien insgesamt aber drei der 80 Zimmer hergerichtet und so hätte ich Glück. Glück! Ich weiß nicht, ob ich es als Glück bezeichnen soll, in diesem Geisterhotel bei der Kettenraucherin angekommen zu sein. Als überzeugter, wenn auch nicht militanter Nichtraucher, bekomme ich ihre Rauchfahne nicht aus der Nase. Egal, jetzt erstmal raus aus den nassen Klamotten. Sie ist auch schon wieder auf dem Sprung nach draußen, um sich eine anzuzünden.

Die Zimmertür klemmt und ich muss beinahe die Klinke abreißen, bis sie sich endlich knarrend öffnen lässt. Der 70er-Jahre-Charme zieht sich auch durch die braun gefliesten Flure und schlägt sich in der Zimmereinrichtung nieder. Antik wirkende Elektroheizer von Siemens, die leicht verschmort aussehen, kann ich einschalten, um die Bude warm zu bekommen. Hoffentlich fangen die nicht Feuer! Unter der heißen Dusche im leicht angeschimmelten Bad, schießen mir tausend Gedanken durch den Kopf.

Warum öffnet die Frau das Hotel in der Hoffnung auf ein Lübecker Ehepaar? Warum ist sie ganz allein im Haus? Es kann sich doch nicht lohnen, auf diese Art ein Hotel zu führen.

Ich hatte mich schon früher dabei ertappt, immer wieder zu versuchen, mir Umstände, die nicht völlig selbsterklärend sind, einfach auszumalen. Es ist eine interessante Herausforderung zu überlegen, wie und warum Menschen so handeln oder erscheinen, wie sie es gerade getan haben. Diese Theorien vergleiche ich dann mit der Realität und perfektioniere das bisweilen zum Hobby-Hellsehen. An diesem Abend muss es folgendermaßen sein:

Zum einen versucht die Frau jeden Morgen zu ahnen, wer wohl zu Gast kommen könnte und ob es sich lohnt, das Hotel zu öffnen. Heute hatte sie den Eindruck, es müssten zwei Personen aus Lübeck sein, die sich dann als ein Mopedfahrer aus Refrath entpuppten. Leicht daneben, aber immerhin wusste sie, dass jemand ankommen wird.

Zum anderen ist sie die Witwe des kürzlich verstorbenen Hoteliers und bringt es trotz der Unrentabilität des Hauses nicht übers Herz, das Lebenswerk ihres Gatten einfach zu schließen. Daher öffnet sie es von Zeit zu Zeit und hofft auf eine Wende in den Besucherzahlen. Diese Hoffnung verschlingt mehr als ihr die Witwenrente einbringt. So gerät sie in einen schlimmen Schuldenkreislauf.

Oh man, und ich habe die Ärmste auch noch um 35,- Kronen geprellt. Das schlechte Gewissen darüber lässt mich nicht zur Ruhe kommen und ich fühle mich schlecht.

In meinen Hosentaschen finde ich mehr Münzen als nötig und könnte die Differenz ausgleichen. Sollte sie sich aber nur eine weitere Schachtel Zigaretten davon kaufen, ist das Geld bei mir besser aufgehoben.

Ich möchte mir einen zweiten Eindruck von der Frau verschaffen und suche nach einem Grund, die verwaiste Lobby nochmals aufzusuchen. Lief dort nicht ein Fernseher?

Ich denke schon und so beschließe ich um 21.30 Uhr zu den Nachrichten nochmals raus zu gehen. Im Zimmer gibt es nur ein Radio und so habe ich einen guten Grund, die Wettervorhersage im Lobby-TV zu schauen. Leicht angespannt warte ich, auf dem überraschend gemütlichen Bett, auf das Verrinnen der nächsten zehn Minuten. So, jetzt wird es Zeit und ich eile in die Lobby. Sie steht wie erwartet draußen und raucht, als ich mich Richtung Fernsehgerät begebe. Die ganze Etage wimmelt nur so von Rauchmeldern und ich denke mir, schraub sie doch ab, wenn du eh meist allein hier bist, dann brauchst du bei neun Grad nicht immer vor der Tür zu qualmen. „Astrid", stellt sie sich mir rasch vor, nachdem sie hereingeeilt ist und fragt, ob etwas nicht in Ordnung sei oder sie mir helfen könne.

„Nö, alles klar", sage ich. „Ich wollte nur in den Nachrichten schauen, ob morgen geeignetes Wetter für meine Gletschertour zu erwarten ist." Außerdem hätte ich noch Kleingeld gefunden, das ich ihr geben wolle. Das nimmt sie auch an und setzt sich ebenfalls vor den Fernseher. Nachdem wir erfahren, morgen solle es zumindest trocken bleiben, gerät sie wie erhofft ins Plaudern. Sie bleibe noch bis Anfang nächster Woche im Hotel und bekomme am Wochenende Besuch von ihren Kindern aus Oslo. Gott sei Dank, dann ist sie wenigstens nicht völlig allein, denke ich, wenn ihr Mann schon tot ist. Ob sie das Hotel danach komplett schließt, möchte ich wissen, denn so richtig lohnenswert könne es angesichts der Gästezahl ja nicht sein. „Das muss ich den Besitzer fragen, der sich übrigens freuen wird, wenn die Tageskasse nun wieder stimmt". Ach so, es gibt noch einen lebenden Besitzer – wie schön!

Und sonst? Sie ist mehrfache Oma und Lehrerin in Oslo. Nächstes Jahr erreicht sie das Rentenalter und soll dann entweder in der Softwarefirma ihres Sohnes mitarbeiten oder ihre Tochter unterstützen, die Skandinaviens erfolgreichste Schneiderin für

Filmkostüme ist. Das Nähen hat sie ihr beigebracht. Ihren Mann hat sie verlassen, weil er ein Taugenichts ist, wie die meisten Männer. - Oh, danke! -

Sie können zum Beispiel stundenlang über Autos sprechen, kennen sämtliche technischen Details und geben damit an. Frauen fahren einfach! „Nun gut, sie fahren ja Motorrad.“, sagt Astrid.

Das Hotel gehört einem guten Freund, der in Oslo einen großen Installationsbetrieb hat und sich in dieser Woche um die Geschäfte dort kümmern muss. Da sie gerade Sommerferien hat, ist sie eingesprungen, um das Hotel heute zu öffnen. Es sollen nämlich mögliche Käufer aus Lübeck kommen, die das Haus wieder auf Vordermann bringen wollen.

Früher sei es das schönste Holzhotel Norwegens und ein beliebter Ort für Prominente gewesen. Allein der US-Maler und Mäzen John Singer sei sieben Jahre lang Gast gewesen und habe die Umgebung *mein Paradies* genannt. Später habe er sich ein Atelier gebaut, das grüne Haus oberhalb des Hotels. Was die alles weiß, denke ich bei mir. Astrid bittet mich in einen Saal nebenan, wo morgen das Frühstück serviert wird. Dort hängt ein riesiges Gemälde des ursprünglichen und herrlich anzuschauenden Holzhotels. Es ist 1974 abgebrannt und leider nur der jetzige Zweckbau an dessen Stelle errichtet worden. Auch dieses etwas unansehnliche Haus liegt aber an der Mineralwasserquelle (Gletscherwasser) Oldens.
Ein sehr beliebtes Wasser in Norwegen. „Bei uns duschen sie sogar mit Mineralwasser!“, meint Astrid.
Sie merkt, wie mich diese Geschichten interessieren und zeigt mir im Garten eine Senke, wo ein großer

Swimmingpool gewesen ist und einen Hügel, auf dem der Tennisplatz war. Dank der Mitternachtssonne ist alles gut zu erkennen und sie kann draußen schnell eine rauchen.

Ich fühle mich langsam wohler.

Vorsichtig frage ich nach, ob ich Herrn Singer denn kennen müsse. Zumindest den Namen, sagt sie, denn er stammte aus der wohlhabenden Familie Singer, die für Nähmaschinen bekannt ist. Anfang des letzten Jahrhunderts habe er sich entschieden die Sommer in Olden zu verbringen, wo er den Straßenbau und das Krankenhaus finanziert habe. Kennenlernen müsse ich auf jeden Fall noch den norwegischen Maler Astrup, dessen Kunstwerke im nahe gelegenen Museum zu sehen seien. Jenen Ort zeigt sie mir in meiner Norwegenkarte und darüber hinaus Balestrand, wo das derzeit schönste Holzhotel, nämlich *Kviknes Hotel*, zu finden ist. Dort solle ich nach Möglichkeit auch übernachten. Das gefalle mir sicherlich, denn schon Kaiser Wilhelm II. sei dort untergekommen. Dort war er auch, als der erste Weltkrieg ausgebrochen ist. Kunst- und Geschichtsunterricht sind im Übernachtungspreis offenbar inbegriffen.

Sodann drückt sie mir einen Bildband mit den schönsten Holzhotels Norwegens in die Hand. Im Fernsehen beginnt ein Film, den sie sehen möchte und so beschäftigt sie mich mit dem Buch. Ich staune noch eine Weile über die Häuser, aber noch mehr über alles, was ich innerhalb der letzten Stunde erfahren habe und ziehe mich dann ins Zimmer zurück. Dort lese ich noch eine Weile und höre, wie ein Wagen vorfährt.

Neugierig schaue ich aus dem Fenster, denn ich möchte wissen, wer in der Nacht noch hierher findet. Ein Auto aus Deutschland, jedoch mit Wuppertaler Kennzeichen.

Schon springt meine unzuverlässige Gedankenmühle wieder an. Ich vermute, da kommen zwei Hochstapler aus Wuppertal, die dem Hotelier erzählt haben, sie seien wohlhabende Kaufleute aus Lübeck. Auf die Autokennzeichen wird schon niemand achten, dachten die sich. Ich schon und so könnte ich Astrid und den Installateur am nächsten Morgen vor diesen windigen Typen warnen. Mit dieser neuen Theorie schlafe ich ein.

Am Frühstückstisch im Gemäldesaal sitzt am nächsten Morgen ein junges Ehepaar, das sich mir als Carsten und Monika aus Thüringen vorstellt. Aha, die verstricken sich immer weiter in ihr Lügengerüst. Jetzt stammen die Lübecker mit dem Westfälischen Auto auch noch aus dem Osten. Sollen sie nur weitererzählen, ich merke mir alles und werde sie der Lüge überführen!

Komischerweise hilft Monika in der Küche und Carsten fragt mich, wie mir das Hotel gefalle und ob ich gut geschlafen habe. Er empfiehlt mir einiges von der Frühstücksauswahl und entpuppt sich als echter Norwegenkenner. „Die Türen hier klemmen und die Zimmer sind bis auf die Betten nicht besonders komfortabel“, berichte ich ihm. Ja, das sei ein bekanntes Problem, denn durch die großen Temperaturschwankungen zwischen Sommer und Winter klemmten die Türen fast in jedem Hotel, das sie bislang besichtigt hätten. Dieses Hotel sei in den letzten zehn Jahren als Asylantenwohnheim genutzt worden und daher besonders abgewohnt. Das Umland sei aber fantastisch, im nahen Fjord legten Kreuzfahrtschiffe an und ab 10.00 Uhr bewegten sich kolonnenweise Busse zum Gletscher hinauf. Falls ich auch dorthin wolle, solle ich mich beeilen, um nicht in die großen Touristenströme zu geraten.

Ich bin erstaunt über sein Detailwissen und offenbar der Einzige, der völlig ahnungslos hierhergekommen ist. Wirke ich vielleicht sogar etwas dämlich auf Astrid und Co.?

Ich versuche noch etwas mit Carsten über die mögliche Rentabilität des Hotels zu fachsimpeln, vor allem, nachdem er mir berichtet hat, er könne zusammen mit dem Haus auch die Fischereirechte am Gletscherfluss erwerben. Da ich vor zwei Wochen Lachsfischen war, kann ich ihm immerhin Auskunft über dessen Preisgefüge geben.

Mich interessiert jetzt noch, warum er mit dem W-Kennzeichen unterwegs ist, da er ja der potenzielle Käufer aus Lübeck zu sein scheint. Carsten ist Vertriebsleiter bei einem Wuppertaler Produzenten für Malerzubehör und möchte in Kürze etwas anderes machen, bevor ihn ein Herzinfarkt in die Knie zwingt. Daher ist er auf der Suche nach einem Hotel. Er hat sich auch eines in Lübeck angeschaut (ach so) und eines in Schweden. Von dort komme er gerade mit seiner Frau. Ich fahre jetzt lieber Richtung Gletscher, bevor die anderen tausend Besucher kommen und ich noch zu berichten beginne, was ich über dieses äußerst seriöse Ehepaar gedacht habe.

Was ist denn nun von meinen rührseligen und aberwitzigen Theorien übriggeblieben? Irgendwie nichts! Habe aber schon wieder eine neue. Astrid hat sich gedacht: „Was für ein trauriger Geselle ist das denn. Fährt der hier wochenlang allein im Norden herum. Der hat bestimmt keine Freunde oder Familie. Dem erzähle ich erstmal einige interessante Geschichten…“

Theo Schmitz, geboren in Paderborn und aufgewachsen im 1800-Seelen-Dorf Neuenheerse, zieht es seit seinem 20. Lebensjahr in die Welt hinaus. Nach dem Jurastudium in Osnabrück, Freiburg i. Br. und Kiel, stand die erste große Motorradreise in die USA und Mexico an. In San Diego kaufte er eine Honda Dominator 650, mit der es vier Monate lang auf Reisen ging. Davor und danach wurden beinahe alle Länder Europas auf zwei Rädern erkundet. Dies gipfelte in einem Sabbatical und der weiträumigen Umrundung der Ostsee, während der sich auch die Geschichte im Oldedalen zutrug. 2019 ging es drei Wochen lang mit einer alten BMW über die beiden Inseln Neuseelands. Das Motorrad lieh ihm sein alter Freund Ele, der nach dem gemeinsamen Referendariat in Kiel nach Wellington ausgewandert ist.
Man kann gespannt sein, wohin es als nächstes geht…
Stay tuned - **www.facebook.com/theoschmitz**

KAPITEL 8

Worst Stories –

Wie ein Unfall auf der Death Road in Bolivien meine Reise fast beendete

von Jessica Müller

» Life is what happens to you
while you're busy
making other plans. «

- John Lennon

2018 war ich das erste Mal alleine reisen und hatte sieben Wochen Zeit zur Verfügung. Nach drei Wochen geschah dann aber leider etwas, was man als gesunder, junger Mensch nicht einkalkuliert: Ich hatte auf der Death Road in Bolivien einen Unfall beim Mountainbiken. Meine rechte Schulter war angebrochen, der linke Daumen gebrochen und die Sehne meines linken Zeigerfingers war abgerissen. Eine abgerissene Sehne kann nur durch eine Operation behandelt werden. Eine OP in Bolivien stand nun wirklich nicht auf meiner Bucket List. Meine Reise schien an dem Tag ein jähes Ende genommen zu haben.

Durch viel Willenskraft und Mut habe ich meine Reise wiederaufnehmen können. Ich möchte meine „Worst Story" erzählen, weil sie sowohl die Sonnen- als auch Schattenseiten eines Solo Travellers zeigen. Außerdem soll sie andere Reisende dazu ermutigen, Reisenden, die einen Unfall oder Ähnliches beim Reisen hatten, zu helfen und sie nicht damit allein zu lassen. Denn nur mit Hilfe dieser Menschen, konnte ich es schaffen, diese dunkle Zeit zu überstehen und den Mut zu besitzen, weiterzureisen.

Die Vorgeschichte

Mein Wunsch Südamerika zu bereisen, entstand 2017, als mein Leben hauptsächlich daraus bestand, meine Doktorarbeit fertig zu schreiben. Jeder, der schon eimal eine Abschlussarbeit geschrieben hat, weiß wie der Alltag des Schreibens aussieht. Der Tagesablauf ist ziemlich monoton und mühsam bestehend aus Schreiben, Essen, Trinken und Schlafen. Mein

Lichtblick zu dieser Zeit war, dass ich fast meinen kompletten Jahresurlaub dafür ansparte, um 2018 meine Traumreise anzutreten und endlich Spanisch zu erlernen. 2014 war ich das erste Mal in Lateinamerika – in Uruguay und Argentinien. Da hat mich die Liebe zu diesem Kontinent gepackt. Und ich wollte diesmal viel Zeit am Stück haben, um Spanisch zu lernen und reisen zu können. Genau darauf fokussierte ich meine Gedanken, wenn es mal wieder nicht so lief mit dem Fertigstellen der Arbeit. Als ich endlich die Arbeit in der Hand hielt und erfolgreich verteidigte, fiel ich in ein Loch. Viele erzählten mir davon, dass der Moment wohl kommt, wenn ein damals so bestimmender Teil des Lebens wegbricht. Hinzu kam, dass ich meine Traumreise eigentlich gar nicht allein antreten wollte, sondern mit meinem damaligen Freund. Der verließ mich jedoch ca. einen Monat bevor die große Reise losgehen sollte. Zu Beginn meiner Reise ging es mir entsprechend nicht so richtig gut. Und dennoch wollte ich diese Reise antreten. Wann bekommt man schon mal sieben Wochen Urlaub?

Endlich in Bolivien

Und dann ging es endlich los – allein nach Bolivien. Als der Flieger startete, zweifelte ich an meiner Entscheidung, weil ich dann doch Angst und Respekt vor dieser Reise und dem Alleinreisen hatte. Aber das ist eine andere Geschichte und jeder, der das erste Mal allein unterwegs war, wird dieses Gefühl kennen und es am Ende nicht bereut haben.

Am Anfang war ich in Santa Cruz und ein paar Tage später ging es weiter in die Hauptstadt von

Bolivien, nach Sucre (ja, nicht La Paz!). Dort warteten zwei Wochen Sprachkurs auf mich. Die zwei Wochen in Sucre waren wunderschön! Eine tolle Erfahrung. Und auch ich war endlich ein richtiger Backpacker. Es tat gut von meinem Alltag und meinen Sorgen in Deutschland wegzukommen. Ein wenig konnte ich mich mittlerweile auf Spanisch verständigen und auch mit dem lästigen Liebeskummer lief es etwas besser. Kurzum: Es lief richtig gut! Nach dieser Zeit ging es weiter nach Uyuni. In Uyuni ist die größte Salzwüste der Welt. Die Landschaft und das ganze Naturreservat in Bolivien waren mit Abstand das Schönste, was ich auf meinen Reisen bislang gesehen hatte. Und erstmals nach diesem ganzen Mist, den ich in Deutschland durchgemacht hatte, empfand ich ein altes Gefühl: Ich war einfach nur glücklich und vor allem dankbar für das, was ich gerade erleben durfte. Dieses Gefühl des Glücklichseins hatte ich vorher schon lange nicht mehr empfunden. Mit diesem Gefühl im Schlepptau, ging es dann weiter nach La Paz und dort sollten sich meine Reisepläne von Grund auf verändern.

La Paz – Death Road

Zur Erklärung: Die Death Road verbindet La Paz mit dem im Dschungel liegenden Dorf Coroico in der Region Yungas. Mit dem Bus benötigt man etwa drei bis vier Stunden für diese Strecke. Bis 2007 galt die Death Road als eine der gefährlichsten Straßen der Welt, da auf der schmalen Fahrbahn an einigen Stellen keine zwei Fahrzeuge nebeneinander passen. Wenn dieser Fall eintrat, mussten die Fahrzeuge entsprechend rangieren, sodass sie passieren konnten.

Bei diesem Rangiermanöver sind einige Busse in den Dschungel hinabgestürzt und viele Menschen gestorben. Aus diesem Grund erhielt die Straße ihren Namen Death Road. Nun gibt es eine bessere Straße, die La Paz und das Yungas-Gebiet verbindet. Aus La Paz werden seit dem Touren angeboten, bei denen Touristen mit dem Mountainbike Downhill von ca. 4.500 Metern in den Dschungel herunter nach Coroico fahren können. Und nun teilen sich bestimmt die Meinungen. Die einen packt der Nervenkitzel und die anderen würden es niemals in Betracht ziehen, diese Strecke mit dem Mountainbike herunterzufahren. Normalerweise gehöre ich zur zweiten Gruppe. Nachdem ich aber schon zwei Wochen allein in Bolivien überstanden hatte und immer noch betäubt von meinem Glücksgefühl war, hielt ich es für eine tolle Idee diese Tour zu machen. Höhenangst habe ich, nebenbei gesagt, auch. Aber Ängste sind ja dazu da, um überwunden zu werden. Und wenn nicht in Bolivien, wo dann?

Morgens wurden wir in La Paz von einem Minivan eingesammelt. Die Räder waren bereits auf dem Dach befestigt. Zugegebenermaßen hatte ich nicht gut geschlafen und ein wenig Bauchschmerzen bereitete mir die bevorstehende Talfahrt auch. Am Tag zuvor hatte ich mich noch mit einer Gruppe Deutscher, mit denen ich die Tour unternahm, getroffen. Etwas komisch war es aber schon, als wir bei dem Reiseveranstalter unsere Kontaktdaten, im Falle eines Unfalls bzw. Todes, angeben mussten. „Wird schon gut gehen", hatten die anderen gesagt. Mein deutschdenkendes Ich hätte sich normalerweise an der

Stelle ausgeklinkt, aber wie gesagt, ich wollte mir da irgendwie selbst was beweisen.

Bis wir den Beginn der Strecke erreichten, waren wir schätzungsweise zwei Stunden unterwegs. Oben angekommen, erhielten wir unsere Schutzkleidung. Außerdem wurden wir dahingehend instruiert, wie man überholen und bremsen sollte. Denn gerade das Bremsen ist beim Downhill fahren entscheidend, damit man nicht sofort heruntersegelt. Am Anfang war eine sehr lange asphaltierte Straße. Immerhin wurde hier der direkte Weg in die Schlucht des Dschungels durch Leitplanken abgesichert. Später im Dschungel selbst, war die Strecke nirgendwo gesichert. Wenn man also vom Weg abkam, fiel man tief in den Abgrund – in den Dschungel. Wie ich im Laufe meiner Reise erfahren sollte, waren bereits auf diesem Anfangsstück schon zahlreiche Leute gestürzt. Mir wurde z. B. von einer Britin erzählt, die so schlimm stürzte, dass sie sich beide Ellenbogen brach.

Unsere Gruppe bestand aus den erwähnten Deutschen, einem brasilianischen Pärchen, zwei Schweizern und drei Australiern. Manche waren bereits geübt im Mountainbiken und andere, dazu zählte ich, hatten so gut wie keine Vorkenntnisse. Anna, Lena und ich (Namen geändert) waren hinten, da wir relativ gemächlich und sicher unten ankommen wollten. Etwa eine halbe Stunde später begann der offizielle Teil der Death Road. Und dieser Teil war nicht asphaltiert, sondern holprig und nass. Hier fielen bereits die ersten, ohne aber nennenswerte Verletzungen davon zu tragen. Erneut wurden wir instruiert, wie bei solch holprigen Wegen Downhill gebremst wird. Nachdem ich mich ein wenig in diese Technik hineinfand, genoss ich es diesen Weg zu fahren. Denn die Aussicht war unfassbar schön. Wir fuhren durch riesige Pfützen sowie unter kleinen Wasserfällen hindurch und sahen Riesenschmetterlinge. Was wir auch immer wieder sahen, waren Kreuze und Grabmahle. Wohl für diejenigen, die dort ihr Leben ließen. Je weiter wir uns dem Tal näherten, was mehrere Stunden dauerte, umso wärmer wurde es, sodass einige ihre Jacken und Pullis auszogen. Die verrückten Australier fuhren sogar irgendwann nur noch im Tank-Top, ohne Schutzbekleidung. Ich hatte mittlerweile auch meine Jacke und meinen Pulli ausgezogen, hatte aber dennoch meine Ellenbogenschützer an. Nur die Handschuhe hatte ich ausgezogen, weil es einfach zu warm war. An jener berühmten Stelle, die man bei Google findet, hatten auch wir mit unseren Fahrrädern nahe dem Abgrund posiert. Die Australier zogen sich hier sogar bis auf die Unterwäsche aus, um Fotos zu machen. Was soll ich sagen, andere Länder andere Sitten. Nach der Fotosession waren wir schätzungsweise noch zwei Stunden von unserem Ziel, einem Hotel, indem wir baden, duschen und Abendessen konnten, entfernt. Etwa zehn Minuten später stürzte einer der beiden Australier und zog sich einige Schürfwunden zu, die von den Veranstaltern verarztet wurden. Dieser Sturz war in meinen Augen mehr als unnötig, weil er (entschuldigt bitte meine Wortwahl) wie ein Irrer herunterfuhr. Schließlich ging es weiter. Eine der Deutschen war sehr schnell, also ließ ich sie überholen. Und dann hörte ich, wie der Australier, der vorher gestürzt war, hinter mir war und mal wieder ein irres Tempo draufhatte. Im Unterschied zu den anderen kündigte er jedoch nicht an, auf welcher Seite er mich überholen wollte. Und dann geschah der Moment, der nur wenige Sekunden dauerte und meine Reise und all das, was daraufhin folgen sollte, von Grund auf veränderte: Der Australier fuhr auf mich drauf, sodass ich unkontrolliert vom Rad fiel. Diesen Moment werde ich wohl niemals vergessen. Ich wusste, dass ich mir starke Verletzungen zuziehen werde und diese mir eine Weiterreise nahezu unmöglich machen würden. Und dann lag ich da. Glücklicherweise (falls es so etwas in dem Moment überhaupt gab) bin ich auf die rechte Seite und nicht die linke, die Talseite, gefallen. Denn dann könnte ich diesen Bericht hier vermutlich nicht mehr verfassen. Ich hatte unfassbare Schmerzen. Meine Schulter tat weh, ebenso meine Hüfte, meine Hände und auch meine Beine. In dem Moment dachte ich tatsächlich, dass ich meine Schulter und meine Hüfte gebrochen hätte. Instinktiv nahm ich sofort den Helm ab. In Deutschland hätte ich diesen vermutlich aufbehalten müssen, da zunächst abgeklärt werden müsste, ob meine Wirbelsäule in Ordnung war. Aber wir waren ja mitten im Dschungel in Bolivien, ca. drei Busstunden von La Paz entfernt. Alle redeten auf mich ein. In so einer Situation war ich jedoch keiner Fremdsprache mehr mächtig. Anna war mit dabei und versuchte mich zu beruhigen. Sie gab mir etwas zu trinken und einen Schokoriegel, da mir schwindelig war und ich kurz davor stand ohnmächtig zu werden, vermutlich wegen der starken Schmerzen. Nebenbei bemerkt, allein trinken und essen, konnte ich zu diesem Zeitpunkt nicht. Ich war wie in einer

Schockstarre. Außerdem graute es mir davor aufzustehen und festzustellen, was gebrochen und geprellt war. Anna ging allmählich mit mir einige Körperteile durch. Ob ich etwa den Fuß, das Bein oder den Arm heben konnte. Und ja das ging, wenn auch mit starken Schmerzen. Dann meinte sie, dass ich aufstehen müsse und dass mir bewusst sein sollte, dass ich mich wahrscheinlich übergeben muss, weil sie eine Gehirnerschütterung vermutete. Übergeben musste ich mich aber nicht. Der Tourveranstalter hatte bislang wenig Erste-Hilfe geleistet, schien sehr überfordert mit der Situation zu sein und war selbst etwas blass. Er fragte mich, ob er mich direkt nach La Paz bringen solle, was drei Stunden dauern würde oder ob wir gemeinsam mit den anderen nach dem Essen nach La Paz fahren. Da mein Kreislauf dermaßen im Keller war, entschied ich mich dazu, erst zu essen und dann zurückzufahren. Eine Krankenversorgung gab es vor Ort nicht bzw. schlug er keine vor. Anna und ich nahmen also im Van Platz, der uns die ganze Zeit begleitet hatte und unsere Räder wurden aufs Dach geladen. Richtig sitzen konnte ich jedoch nicht, denn meine Hüfte schmerzte sehr und jeder noch so kleiner Huckel tat weh. Irgendwer gab mir Schmerztabletten, der Reiseveranstalter hatte aber keine. Mein linker Zeigefinger war dick angeschwollen. Meine Schulter tat neben meiner Hüfte am meisten weh. Anna hatte mir aus meinem Schal eine Halterung gebastelt, um die Schulter zu entlasten und etwas von den Schmerzen zu nehmen. Als ich so dasaß, gingen mir 1.000 Dinge durch den Kopf: Was war gebrochen? In welches Krankenhaus sollte ich gehen? Können die dort Englisch sprechen? Und die schlimmste Frage: Muss ich nach Deutschland zurück oder gar transportiert werden?

Irgendwann kamen wir unten im Tal, in Coroico an. Es war ein schönes Hotel, mit einem großen Pool. Ein perfekter Ort, um sich nach der anstrengenden Fahrt zu erfrischen. Das war zumindest für die anderen so. Die Deutschen, mit denen ich unterwegs war, saßen mittlerweile auch am Pool. Der Plan war nun was zu Essen und anschließend schnellstmöglich nach La Paz zurückzufahren. Beim Essen wurde mir meine Misere immer mehr bewusst. Denn die Gabel konnte ich nicht mit rechts halten, weil meine Schulter weh tat. Mit der linken Hand war es auch schwierig, weil mein Zeigefinger dick und fett war und mein Daumen auch irgendwie weh tat. Irgendwie hatte ich es aber dann doch geschafft. Das nächste Problem war auf die Toilette zu gehen. Denn wegen meiner starken Schmerzen konnte ich meine Hose nicht allein herunterziehen. Hier half mir eine der Mädels. Auch so kommt man Mitreisenden näher...

Als es endlich zurückgehen sollte, standen die beiden Australier vor mir. Bislang hatte der Australier sich noch nicht entschuldigt. Sein Freund richtete mir aus, dass es ihm leidtat. Ich war wirklich sauer. Noch nicht einmal selbst entschuldigen konnte er sich. In meiner Wut hatte ich dann so etwas gesagt wie, dass es keine Worte dafür geben könnte, dass er meine Reise zerstört hatte. Abschließend fragte sein Freund mich, ob er mir ein Bier ausgeben könnte. Das war echt der Gipfel der Unverschämtheit. Ich stand da, geschunden von dem Unfall und er wollte mit mir ein Bier trinken gehen. Und da kann ich nochmal sagen, andere Länder, andere Sitten.

Ca. sechs Stunden nach meinem Unfall war ich in einem Krankenhaus in La Paz. Anna und Lena waren netterweise mitgekommen. Sie hatten eine Freundin, die gerade in La Paz arbeitet, dazu geholt, damit sie auf Spanisch vermitteln konnte. Dafür, dass die drei Mädels mich begleiteten, war ich unendlich dankbar. Schließlich kannte ich Anna und Lena erst seit 24 Stunden und Tamara (Name geändert) erst seit wenigen Minuten. Im Krankenhaus wurden meine Schulter und Hand geröntgt. Als wir endlich beim Arzt waren, konnte Tamara zum Glück auf Spanisch vermitteln, was geschehen war. Meine Hüfte tastete er ab, um einen Bruch auszuschließen. Schließlich betrachtete er die Röntgenbilder und beriet sich mit einem Kollegen. Es kam heraus, dass die Sehne meines linken Zeigefingers abgerissen war und operativ behandelt werden müsste, damit der Finger nicht steif wird. Eine Operation in Bolivien? So langsam wurde die Situation hier echt krass. Die rechte Schulter war angebrochen. Dann bekam ich eine Spritze gegen meine Schmerzen. Am nächsten Tag sollte ich wiederkommen, damit die Details für die Operation besprochen werden konnten.

Die Operation und die Zeit danach in La Paz

Nach einer komischen Nacht, in der ich starke Schmerzen hatte, ging es wieder ins Krankenhaus. Noch am selben Tag sollte ich operiert werden. Tränen liefen mir über das Gesicht. Das war doch alles etwas zu viel für mich. Nach Deutschland zu fliegen, war für mich bis dato keine Option und auch aus medizinischer Sicht musste dieser Eingriff so schnell wie möglich vorgenommen werden, damit der Finger nicht steif wird. Im Hostel packte ich meinen Backpack, da ich nach meiner Nacht im Krankenhaus ins Hotel zog. All das war gar nicht so einfach. An- und Ausziehen konnte ich mich kaum allein, ebenso den Backpack packen und tragen. Da haben mir nette Menschen im Hostel und wieder Anna und Lena geholfen. Vielen Dank an der Stelle noch einmal!

Als ich nach der Operation aus der Narkose aufwachte, stellte ich mit Entsetzen fest, dass ich an der linken Hand eine Gipsschiene hatte, die fast bis zum Ellenbogen hochging. Wofür war die denn? Der Arzt teilte mir später mit, dass mein Daumen gebrochen sei und der Gips deshalb von Nöten wäre. Neben den Schmerzen in der Hüfte, Schulter und Finger, hatte ich gar nicht bemerkt, dass der Daumen auch gebrochen war. Im Nachhinein war das alles schon etwas merkwürdig. Auch, dass mir am Unfallabend nichts dazu gesagt wurde.

Nachdem ich endlich in meinem Hotelzimmer angekommen war und somit auch auf mich allein gestellt war, stellte sich mir die entscheidende Frage: Bleiben oder nach Deutschland fliegen? Eigentlich wollte ich nicht fliegen, denn es warteten noch knapp vier Wochen Urlaub auf mich. Und ich wollte doch unbedingt zum Titicacasee, auf den Machu Picchu und und und. All das schien gerade meilenweit entfernt. Ich habe zu der Zeit mit Freunden in Deutschland telefoniert und einige von ihnen sind Ärzte, die mir ihre medizinische Einschätzung geben konnten. Und so erfuhr ich, dass es ziemlich gefährlich sei mit dem Gips zu wandern, da bei Anstrengung und Höhenunterschied die Gefahr bestehe, dass der Arm anschwillt und durch den Gips abgeklemmt und schließlich absterben könnte. Die Diagnose und Operation seien aber genauso wie in Deutschland verlaufen. Was also tun? Ich sah mich schon Zuhause bei dem Versuch in meiner Verfassung Geschirr zu spülen und tieftraurig, dass meine Traumreise so ein jähes Ende genommen hatte. Nein, das war keine Option! Ich wollte mir von diesem Australier meine Traumreise, nach der ich mich so lange gesehnt hatte, nicht wegnehmen lassen. Und so entschied ich, nachdem mir Freunde von Zuhause Mut zugesprochen hatten, zunächst einmal die Nachuntersuchung, eine Woche nach dem Unfall abzuwarten und zu schauen, ob die Knochen gerade zusammenwachsen. Danach wollte ich versuchen, weiterzureisen. Laufen konnte ich ja schließlich. Alles andere, wie duschen, an- und ausziehen, essen etc. waren nach wie vor schwierig, aber wurden von Tag zu Tag besser. Das, was ich nicht konnte, war den Backpack selbst zu tragen. Aber das sollte ja wohl machbar sein.

Die Weiterreise – What happened to your arm?

Im Krankenhaus erfuhr ich, dass ich nicht noch einmal operiert werden musste. Es ging also weiter! Von meinem Hotel aus nutzte ich den Transfer zum Titicacasee, der natürlich um einiges mehr kostete als am Busbahnhof. Aber das war egal, denn so musste ich den Backpack nicht tragen. Außerdem organisierte der Rezeptionist netterweise, dass mein Backpack aus dem Van ins Hostel gelangt. Und so saß ich dann acht Tage nach meinem Unfall auf der Terrasse an der Copacabana und konnte mein Glück kaum fassen! Und so ging es immer weiter. Von der Copacabana aus, ging es weiter nach Cusco. Und da hatte mir netterweise auch wieder einer aus dem Hostel geholfen, meinen Backpack zum Bus zu befördern. Auf meine Gipsschiene wurde ich mehrere Male am Tag angesprochen: *What happened to your arm?* Und so musste ich meine Geschichte mehrmals am Tag erzählen. Viele Reisende, denen ich begegnete, waren sehr nett und hilfsbereit. Ich konnte ja vieles mittlerweile selbst. Das Problem war oftmals der Backpack, aber das ließ sich immer organisieren. Generell ging aber alles irgendwie und ich hatte es niemals bereut, dass ich nicht zurück nach Deutschland geflogen war. Und so kam es auch dazu, dass ich es mit Mühe und Not auf den Machu Picchu schaffte. Trotz allem hatte ich es geschafft! Weiter ging es nach Arequipa, schließlich nach Huacachina, dann nach Paracas und abschließend nach Lima. Es hatte alles gut funktioniert. Nur zurück in Deutschland am Flughafen war es nicht mehr so einfach. In Köln am Hauptbahnhof wurde ich schließlich von einer lieben Freundin abgeholt, die meinen Backpack trug. Danke dafür, noch einmal!

Meine Verletzungen sind mittlerweile alle gut verheilt und ich habe meine Entscheidung niemals bereut. An dieser Stelle möchte ich all diesen lieben Menschen danken, die mir zu der Zeit geholfen haben! Ohne euch hätte ich es niemals geschafft! Außerdem möchte ich dazu ermutigen, anderen Reisenden eure Hilfe anzubieten. Häufig sind es für euch nur kleine Dinge, die Alleinreisenden aber sehr helfen können. In dem Sinne wünsche ich euch sicheres Reisen! Bleibt gesund und lasst euch nicht entmutigen!

Eure Jessica

Jessica Müller war schon mehrere Male allein reisen. Dabei war sie hauptsächlich in Zentral- und Südamerika unterwegs. Die Reise nach Bolivien und Peru war die erste große Reise, die sie allein unternahm. Aus beruflichen Gründen möchte die Autorin ihren richtigen Namen nicht angeben.

KAPITEL 9

Von Nächstenliebe und dem Vertrauen in das Leben

Eine Geschichte aus Pakistan

von Sina Bohsung

» Denn die Liebe ist
unerschoepflich,
egal wie oft du sie teilst. «

\- Sina

Meistens sind es die kleinen Dinge, liebe Gesten oder Erlebnisse, auf die wir zurückblicken. Die kleinen Wunder, die wir täglich auf unserer Reise um die Welt erleben und die wir dann gerne weitererzählen. Auch bei dem folgenden Erlebnis, waren es besonders die kleinen Momente, die uns zum Lachen und Nachdenken brachten – aber nur, weil wir noch nichts von dem großen Knall wussten, auf den wir zusteuerten.

Es ist kalt. Meine Mütze ist an meinen Haaren festgefroren. Letzte Nacht haben wir bei -13 Grad im Zelt verbracht. Wenn ich ausatme, sehe ich eine kleine Dunstwolke vor meinem Gesicht schweben. So hatte ich mir Pakistan nicht vorgestellt. Aber eigentlich hatten wir sowieso keine Vorstellung von diesem Land.

Ein Land voller Gastfreundschaft, mit einer Landschaft, die mir so oft den Atem raubt und einer Kultur, die ich noch lange nicht verstehen werde. Seitdem wir in Pakistan sind, überfluten mich Eindrücke, Farben und Gerüche. Noch mehr als in anderen Ländern, weil ich so wenig über dieses Land wusste.

Seit nun drei Wochen sind wir auf der höchsten Fernstraße der Welt, dem Karakorum Highway* unterwegs. Unser Ziel ist der höchste, passierbare Grenzübergang der Welt. Er befindet sich auf einer Höhe von 4.733 Meter. Für dieses Unterfangen haben wir ein Motorrad gemietet, denn normalerweise Trampen wir um diese wunderschöne Welt. Doch diese Fernstraße ist kein Zuckerschlecken. Die Fahrzeit für 30 Kilometer beträgt meist eine Stunde, schneller lässt es der Straßenzustand nicht zu. Unsere Hintern sind mittlerweile blau von all den Schlaglöchern im Asphalt und mehr als einmal haben wir uns gefragt, ob wir uns nicht zu viel zugetraut haben. Aber, das sind die Abenteuer, die wir lieben und die uns glücklich machen!

Nachdem wir unser Frühstück verdrückt und das Zelt zusammengepackt haben, geht es weiter. Die Temperaturen erreichen kaum mehr den Plusbereich. Dennoch werden wir immer wieder mit kleinen Glücksmomenten entschädigt. Wir treffen tolle Menschen und haben wunderbare Begegnungen, sehen Yaks im Schnee und Berge, die sich gegenseitig in ihrer Schönheit und Höhe übertrumpfen. Gekrönt wird das Alles mit unseren lachenden Gesichtern am Ziel, dem Höchsten Grenzübergang der Welt zwischen Pakistan und China.

Hier würde diese Geschichte eigentlich enden. Ich könnte mehr Details von diesem Trip liefern, die Glücksmomente ausschmücken und dir ein Lächeln auf dein Gesicht zaubern. Aber so ist es nicht, denn auf so einer Reise läuft fast nichts nach Plan!

Wir treten also den Rückweg an. Voller Vorfreude auf die nächsten 800 km. Was wir nicht wissen: in den nächsten Stunden wird sich alles verändern. Wir werden in unsere erste Naturkatastrophe geraten. Unser Motorradreifen wird platzen und Steine, so groß wie ausgewachsene Elefanten, werden auf die Straße krachen.

Stunden später stehen wir da, pitschnass, durchgefroren und verzweifelt. Der Regen ist so dicht, dass wir keine 50 Meter weit sehen können. Ab und zu wird die düstere Regenwand von grellen Blitzen erhellt. Das anfängliche Donnern können wir schon lange nicht mehr von Lawinengrollen unterscheiden. Auf der Straßenmarkierung steht „50 km zum nächsten Ort“ und von der Hauptstadt Islamabad sind wir weitere Tagestrips entfernt. Langsam geht die Regenwand in die nächtliche Dämmerung über und auch unsere Stimmung ist mittlerweile von fröhlich und zuversichtlich zu verzweifelt und ideenlos gekippt.

Unsere Gedanken kreisen um verschiedenste Fragen. Wie kommen wir sicher hier weg? Müssen wir das Motorrad zurücklassen? Gibt es irgendwo Essen und wo werden wir überhaupt schlafen? Dass wir zudem Gefahr laufen von herunterfallenden Felsbrocken erschlagen zu werden, hatten wir zu diesem Zeitpunkt zum Glück ausgeblendet.

Wir glauben immer noch daran, einfach der Straße folgen zu können. Die Frage ist nur wie? Auf die Hilfsbereitschaft der Pakistanis können wir dabei zählen, denn die wenigen Menschen die bereits mit ihren Autos vorbei gefahren sind haben uns ihre Hilfe angeboten. Praktisch umsetzbar war jedoch leider keine dieser Mitfahrgelegenheit. Alle Autos waren bis zum Platzen gefüllt.

Und so bleibt uns nichts übrig als zu warten. Das Gute dabei: unser Zeitgefühl haben wir bereits verloren. Weniger gut: auch unsere Laune neigt sich immer weiterhin dem Tiefpunkt zu und nach dem hundertsten Blick auf unser Handy, meldet sich nun auch der Akku ab. Hätten wir in den letzten Jahren nicht so stark gelernt, in das Leben zu vertrauen, hätte uns in diesem Moment die Panik bestimmt überrollt. Unser Vertrauen wird dennoch nicht enttäuscht und wir hören ein dumpfes Hupen, bevor ein Licht durch die mittlerweile dunkle Nebelwand auf uns zurollt.

Einen Preis im Erkennen von hupenden Fahrzeugen können wir sicher noch nicht gewinnen, doch dass dieses Geräusch nicht von einem kleinen Punto, sondern einem LKW erzeugt wird, war uns sofort klar. So halten wir unsere Hand raus und versuchen wie bereits hundert Male zuvor, auf unserer Reise zu trampen. Mit dem kleinen Unterschied, nun auch noch ein kaputtes Motorrad im Schlepptau zu haben.

Der LKW rollt auf uns zu und kurz darauf schlängeln sich zwei weitere Trucks durch den dichten Regen. Die Geräusche, als die Trucks zum stehen kommen, klingen wie Musik in unseren Ohren und die Hoffnung, endlich hier weg zu kommen, steigt ins Unermessliche.

Beim Trampen kann es übrigens gut sein, dass du erst mal erklären musst, was du eigentlich möchtest. Das Konzept Trampen ist in einigen Ländern nicht gerade weit verbreitet. In diesem Fall ist jedoch ziemlich eindeutig, was wir wollten.

Neben unseren aufgeweichten Kleidern und unseren verzweifelten Gesichtern, bestärkt das kaputte Motorrad die Notwendigkeit uns mitzunehmen.

Nachdem uns die Fahrer zunächst etwas verwirrt anschauen, schenken sie uns ein Lächeln und laden unser Motorrad kurzerhand auf die Ladefläche des ersten Trucks.

Ohne nun zu viel verraten zu wollen, war dies für unsere Retter sicher auch eine lustige aber außergewöhnliche Situation. Im Gegensatz zu uns, kennen die Fernfahrer diese Straße bei jeder Wetterbedingung. Sie können die Situation sehr gut abschätzen und was in den nächsten Stunden auf uns zukommt. Zum Glück wissen wir es nicht.

Wir klettern also in die Fahrerkabine des ersten LKWs und versuchen, es uns so gemütlich wie möglich zu machen. Nicht ganz einfach mit pitschnassen Kleidern, aber das ist nun unser kleinstes Problem. Die Straße hat sich in den letzten Stunden von ihrem bereits schlechten Zustand in eine einzige Katastrophe verwandelt. Von einer Fahrbahn kann schon lange keine Rede mehr sein. Die Steinlawinen haben riesige Löcher in den Boden gerissen und der Regen hat sein Übriges beigetragen. Überall liegt Geröll und immer öfters muss Asghar, unser Fahrer und Schutzengel, den Truck an den Rand des Abgrundes fahren, um den Hindernissen auszuweichen. Mit all seinem Können manövriert er den LKW wieder und wieder um die nächste Kurve - kein leichtes Unterfangen bei all diesen Voraussetzungen.

Der Regen strömt über die Frontscheibe. Niels ist damit beschäftigt die Scheiben vom Dunst zu befreien, der sich durch unsere nasse Kleidung gebildet hat.

Und dann kommt ganz plötzlich der Moment, in dem uns endgültig klar wird, wie heikel die Situation ist.

Wir fahren an einem Wasserfall entlang, der normalerweise an der Straße gelegen ist und einen schönen Anblick bietet. Durch den monsunartigen Regen ist er jedoch über seine Ränder getreten und fließt ungehindert von oben auf die Straße herab. Ich denke: Ein Glück, dass wir in der Fahrerkabine eines schweren Trucks sitzen - mit einem normalen Auto würde uns die Kraft des Wassers bestimmt davontragen.

Und noch während ich diesen Gedanken fasse und wir durch den Wasserfall hindurch fahren, ertönt ein ohrenbetäubender Lärm. Die Fahrerkabine wackelt, meine Fingernägel vergraben sich in Niels´ Arm, der Truck stoppt. Ein großer Felsbrocken hat sich aus der Bergwand gelöst und ist auf unsere Fahrerkabine gekracht. Schockstarre! - Das ist der Augenblick in dem wir realisieren, wie groß das Ausmaß dieser Katastrophe ist. Und noch viel mehr wird uns klar: der platte Reifen und Asghar unser Fahrer sind unsere Rettung. Wären wir mit dem Motorrad einfach weitergefahren, hätte uns dieser oder einer der nächsten Felsbrocken vielleicht erschlagen.

In der Fahrerkabine ist es still geworden, langsam fahren wir weiter, niemand spricht ein Wort. Wir passieren einige Erdrutsche und kommen nur langsam voran. Mittlerweile ist die Dunkelheit eingebrochen. Nach einer weiteren Felswindung erblicken wir die Rücklichter anderer Autos vor uns. Der Verkehr ist vollständig zum Erliegen gekommen, das Weiterkommen ist unmöglich. Wir werden die Nacht auf dem Karakorum Highway verbringen. Kurzerhand dreht sich Asghar zu uns um, verabschiedet sich und geht zu seinem Freund in den anderen Truck. Da sitzen wir nun alleine in der Fahrerkabine unseres Retters, geschockt aber unendlich dankbar, für diese Gastfreundschaft und 70 Zentimeter feuchte LKW-Liegefläche. Gute Nacht.

Es ist verwunderlich, wie lange wir das tatsächliche Ausmaß dieser Situation nicht begriffen. Zu diesem Zeitpunkt saßen mit uns bereits mehrere hunderte Menschen auf dieser Straße fest. Gefangen im Norden Pakistans ohne Essen oder Trinken und ein Räumfahrzeug absolute Fehlanzeige.

Als wir am nächsten Morgen die Augen aufschlagen sehen wir sie: Zertrümmerte Autos, Felsen so groß wie Elefanten und Erdrutsche, die die Straße immer wieder unterbrechen. Im Kontrast dazu immer wieder Menschen, die uns einfach nur anlächeln und zuwinken. Sie alle sind auf dem Weg die Straße hinunter. Unsere Retter und wir reihen uns in die Kolonne ein und pilgern hinterher. Asghar versucht uns zu erklären wo es hin geht: drei Kilometer weiter hat eine kleine Straßenküche angefangen Dahl und Brot für uns zu kochen.

Der Weg ist beschwerlich, es geht über Stock und Stein, durch Matsch und weitere Wasserfälle und doch sind die meisten Menschen um uns herum positiv gestimmt. Die Sonne scheint und als wir endlich ziemlich kaputt beim Essen ankommen, schmeckt das Dahl nach so einer Nacht einfach hervorragend.

Der Verkehr wird sich heute nicht mehr in Bewegung setzen, jedoch entsteht in kürzester Zeit eine ganz eigene Dynamik auf der Straße. Auf dem Rückweg zum Truck beobachten wir, wie Kinder anfangen miteinander zu spielen und sich Menschen zusammen in die Sonne setzen. Aus Fremden werden hier Bekanntschaften. Wir treffen auch die Menschen wieder, die uns am Tag zuvor helfen wollten und sind froh, dass es ihnen gut geht.

Mittlerweile werden zwischen den Autos Ziegen gehütet und am Straßenrand kleine Feuer entfacht, um Kartoffeln zu grillen. Neben den Kartoffeltransportern gibt es zudem einen Truck, der Bananen geladen hat und einen LKW mit ziemlich vielen Keksen. Von einer ausgewogenen Ernährung können wir nicht mehr sprechen, aber zumindest werden alle satt und sind zufrieden.

Die nächsten drei Tage sitzen wir hier fest. Neben Keksen und Bananen wird uns nun auch immer häufiger eine neue Facebook-Freundschaftsanfrage angeboten und wir kennen alle unsere Nachbarn beim Vornamen. Der erste Truck unserer kleinen Truppe ist Niels´ und mein Zuhause geworden. Über die Tragfläche haben wir ein Seil für unsere nasse Wäsche gespannt. Wir wissen jetzt, wie wir die 70 Zentimeter Liegefläche perfekt nutzen können, um einigermaßen gut zu schlafen und genießen den Ausblick über die Felslandschaft.

Am zweiten Tag kommen endlich die Räumfahrzeuge zu uns durch und als ihnen nach stundenlanger Arbeit der Sprit ausgeht, findet sich auch ein LKW, der weiteren Treibstoff geladen hat. Die Aufräumarbeiten sind beschwerlich und gehen nur langsam voran. Dennoch ist das Spektakel eine willkommene Abwechslung und hebt die Stimmung und Hoffnung im entstandenen Straßendorf.

Als alle Lawinen beseitigt oder abgeflacht sind, ist es bereits Tag drei. Die Straße ist teilweise so rutschig, dass die Trucks die zurück gebliebenen Hindernisse nicht alleine überwinden können. Unter Jubelrufen werden die LKWs von Hand über die Hindernisse geschoben. Eine Gänsehaut überkommt mich, denn hier wird in einem Bild sichtbar, was für ein starker Zusammenhalt sich die letzten Tage gebildet hat.

Wir haben füreinander gesorgt, uns gegenseitig unterstützt, immer wieder wurde Nächstenliebe und Hoffnung verbreitet. Alle haben ihr Bestes gegeben. Niels und ich wurden wie Familienmitglieder umsorgt und mit offenen Armen aufgenommen. Selbst diese Extremsituation konnte der Gastfreundschaft dieser Menschen keinen Abbruch tun. Zu meiner Gänsehaut gesellt sich eine Welle der Dankbarkeit und ein Lächeln auf meinem Gesicht.

Asghar vor mir jubelt über das nächste überwundene Hindernis und grinst. Niels hält den Moment mit der Kamera fest. Ein Moment der mir ewig in Erinnerung bleiben wird. „Inschallah, we are sucessfull!“ ruft unser Retter und jetzt bin ich sogar etwas wehmütig, dass dieses einmalige Erlebnis irgendwann ein Ende haben wird.

Wir rollen voran, erst langsam und dann immer schneller. Den nächsten größeren Ort werden wir erst in ein paar Tagen erreichen und dort unser Motorrad reparieren. Bis dahin bleiben wir bei unseren Rettern und genießen die Zeit mit unseren neuen Freunden. Endlich haben wir auch wieder Handyempfang und können unsere Familien darüber informieren, was alles passiert ist und wie wir in dieser Situation nicht nur umsorgt wurden, sondern auch neue Freunde gefunden haben.

Ein paar Tage später haben wir uns verabschiedet, das Motorrad ist repariert und wir düsen über die Straße Richtung Islamabad. Mit Wind in meinen Haaren und meinen Blick auf die Landschaft gerichtet, denke ich: Ja, ich hatte keine Ahnung von Pakistan, keine Vorstellung von diesem Land und auch wenn ich eine gehabt hätte - die letzten Tage und Wochen hier haben alles übertroffen!

Das Land Pakistan und auch die Menschen hier mögen nicht den besten Ruf haben und unsere Familie hatte große Angst, uns in dieses Land reisen zu lassen. Doch mir zeigt diese Geschichte wieder einmal, wie viel Liebe und großartige Momente auf uns warten, wenn wir mit einer Portion Vertrauen und einem offenen Herz in dieser Welt unterwegs sind. Nicht naiv, aber auch nicht voller Angst: du wirst überrascht sein, was da draußen alles auf dich wartet.

*Der **Karakorum Highway** ist die höchstgelegene Fernstraße der Welt und befindet sich im Nordwesten Pakistans. Das Wort Highway kann in diesem Zusammenhang leicht missverstanden werden, da der Zustand größtenteils einer Landstraße ähnelt und erhebliche Straßenschäden aufweist. Die Hauptursachen dafür sind herunterfallende Gesteinsbrocken und starke Regenfälle.

Die Strecke von 1.284 km führt durch die unterschiedlichsten Landschaften und bietet auch kulturell eine große Vielfalt. Die Straße wird gesäumt von den Gebirgsketten des Pamirs, Himalayas und des Karakorums. Weitere Highlights sind der Berg Nanga Parbat mit 8.125 Metern und der höchste Grenzübergang der Welt, der Pakistan und China verbindet.

Wir sind **Sina und Niels**, zwei Abenteurer, Freigeister und Minimalisten. Seit 2017 bereisen wir diese Welt per Anhalter und mit einem Tagesbudget von ca. 10 Euro. Wir möchten zeigen, dass es möglich ist, auch mit einem kleinen Budget, diese wunderbare Welt zu bereisen. Dabei legen wir den Fokus auf die Begegnungen mit den Menschen und den langsamen Wandel zwischen Kultur, Landschaft und Sprache. Die Nächstenliebe, die wir dadurch täglich erfahren, möchten wir persönlich und durch unsere Musik in die Welt hinaustragen.

www.travelowls.de
Instagram: @travel.owls | YouTube: Travel Owls

KAPITEL 10

Wenn aus Fremden Freunde werden

von Carla Vollert

» Freundschaft kennt keine Kilometer «

- Unbekannt

Allein, mitten im Nirgendwo in Neuseeland, stehe ich an der Bushaltestelle. Der Bus biegt um die Ecke und kommt vor mir zum Stehen. Ich schnappe mir meinen *Mr. Backpack*, wie ich meinen Rucksack liebevoll nenne, verstaue ihn unten in der Gepäckablage und steige in den Bus.

Es ist jedes Mal wieder ein bisschen komisch, die Neue zu sein. Seit ein paar Wochen reise ich mit dem *Stray-Pass* im Hop-On/Hop-Off-Bus durch Neuseeland. Wo es mir gefällt, steige ich aus und verbringe eine gewisse Zeit vor Ort. Dann geht es weiter und im Bus erwarten mich wieder neue Leute. Heute habe ich dann doch Glück, denn weiter hinten sitzt ein Mädel, das ich bereits kenne.

Carola ist Holländerin. Wir haben uns bei einem vorherigen Stopp bereits kennen gelernt und uns super verstanden. In diesem Moment weiß ich noch nicht, wie viel Zeit wir noch miteinander verbringen werden.

Auf Reisen, besonders, wenn man allein unterwegs ist, lernt man unglaublich viele und unterschiedliche Reisende kennen. Bei manchen klickt es sofort und bei anderen kommt man über den Smalltalk nicht hinaus. Bei Carola und mir hat es sofort Klick gemacht. Wir verstehen uns bestens und beschließen, zusammen ein bisschen Neuseeland zu erkunden.

Bereits seit ein paar Monaten bin ich unterwegs und befinde mich auf meiner Weltreise. Carola verbringt ihren Jahresurlaub in Neuseeland und ist somit nur wenige Woche im Ausland. Für mich ist es wunderbar, endlich wieder tiefgehende Gespräche zu führen und mich nicht täglich neu vorstellen zu müssen oder mich gar mit anderen zu „battlen“, wer schon am meisten von der Welt gesehen hat.

Mit ihr kann ich ganz entspannt reisen, neue Orte gemeinsam ansehen, abends feiern gehen oder auch einfach mal nur zusammen schweigen.

Wir befinden uns auf der Südinsel und werden bald in Queenstown ankommen. Hier habe ich das Bungee Jumping gebucht. Die Nacht davor bekomme ich kaum ein Auge zu, so nervös bin ich. Zusammen mit Carola fahre ich zur Kawarau Bridge, um mich dort 43m in den Abgrund zu stürzen. Schon immer hatte ich im Kopf, wenn ich einmal springen möchte, dann soll es bitte der bekannteste Bungee Jumping-Ort Neuseelands sein. Niemals hätte ich gedacht, dass ich wirklich jemals am anderen Ende der Welt bin und auf der roten Brücke stehe, mit Blick in das hellblaue Flusswasser. Unten wartet bereits ein Gummiboot, was mich nach meinem Sprung in Empfang nehmen wird. Nach dem Wiegen und den Sicherheitsmaßnahmen, gehe ich mit zitternden Beinen immer weiter zum Startpunkt. Ein letzter Blick zu Carola, die mich ermutigend anschaut und die Daumen gedrückt in die Luft hält.

Ich nehme einen tiefen Atemzug, schließe die Augen und höre, wie der Mitarbeiter ruft: „Are you ready? 3...2...1... see you later!“ Und ich höre mich sagen: „What? Oh no! Do it again.“ Irgendwie bin ich davon ausgegangen, dass er mir einen leichten Schups geben wird. Aber nein, der Sprung muss meine freie Entscheidung sein und von mir aus kommen. Also zählt er erneut den Countdown und ich schaffe es zumindest mich so zu bewegen, dass ich mit weit ausgebreiteten Armen in die Tiefe stürze. So schnell es auch geht, merke ich, wie es einen Ruck durch meinen Körper macht und ich plötzlich mit dem Gesicht nach unten immer tiefer falle. Ich fliege wieder hoch und direkt wieder runter und erneut hoch und wieder runter... Ich denke: „Was für ein Gefühl!“, aber auch: „Was mache ich hier eigentlich!?“

Als ich langsam keinen Schwung mehr habe, sehe ich das quietschgelbe Schlauchboot näherkommen. Ich lande mit dem Rücken genau in der Mitte und halte noch meine Hände ganz hoch in die Kamera. Mit einem Edding hatte Carola mir die Worte „I DID IT“ in die Handflächen geschrieben. Das Foto wird mich immer an einen der mutigsten Tage meines Lebens erinnern. *Wann hast du das letzte Mal, etwas zum ersten Mal gemacht?*

Ich bin einfach nur glücklich und gehe mit zitternden Beinen und einem hysterischen Lachen an Land.

An diesem Abend wird in Queenstown gefeiert, denn ich bin nicht die Einzige, die hier herkommt, um von irgendwo hinunter zu springen. Im ganzen Ort ist das Adrenalin zu spüren, denn es gibt unglaublich viele verrückte Aktivitäten, die man hier machen kann.

Für uns geht es weiter nach Milford Sounds. Dieser Fjord ist besonders schön, da es großartige Berge gibt, durch die man hindurch fährt. Ebenfalls sieht man Wasserfälle und kann Robben beobachten, die sich auf den Felsen vergnügen. Die Schifffahrt ist atemberaubend schön und so genießen wir einen ruhigen, beeindruckenden Tag in der Natur.

Unsere gemeinsame Zeit, nähert sich nach 10 Tagen dem Ende zu. Bei einer Reise fühlen sich 10 gemeinsame Tage allerdings wie Wochen an, da man sonst eher schnelllebige Bekanntschaften macht und oft nur wenige Stunden miteinander verbringt.

Carola gefällt meine Art zu reisen so gut, dass wir beschließen, uns in wenigen Monaten wieder zu sehen, um durch Südostasien zu ziehen. Sie wird so lange zurück nach Holland gehen und ich werde mir eine schöne Zeit in Australien machen. Es wird der Startpunkt ihrer eigenen Weltreise sein und für mich das Ende von einer ganz besonderen Zeit.

Wir trennen uns nun für ca. 10 Monate und sehen uns dann in Malaysia wieder.

In der Zwischenzeit kommunizieren wir viel und überlegen uns, was wir ungefähr sehen wollen. Wirklich etwas im Voraus gebucht haben wir nicht, damit wir uns die Spontanität, die das Reisen für uns ausmacht, auch wirklich beibehalten.

Wiedersehen in Asien

Als wir uns in Kuala Lumpur wiedersehen, ist es so, als hätte sich gar nichts verändert. Auch nach diesem langen Zeitraum, in dem wir uns nicht gesehen haben, merken wir sofort, dass wir super Reisebuddies sind und freuen uns auf die gemeinsamen Abenteuer. Für mich liegt über ein Jahr des Alleinreisens hinter mir und ich bin etwas nervös, ob auch wirklich alles so gut klappt.

Für uns geht es als nächstes auf die wunderschöne Tioman Island. Leider haben wir ein paar Begleiter im Schlepptau, denn das letzte Hostel war übersäht von Bedbugs. Das sind kleine käferähnliche Tierchen, die sich vom Blut der Gäste ernähren. Die Bisse jucken unendlich und natürlich ist es auch möglich, dass sie Krankheiten übertragen.

Auf wundersame Weise hat es nur mich getroffen. Ich bin voller roter Flecken und freue mich, dass wir heute die Insel erreichen und das Hostel hinter uns lassen können.

In der neuen Unterkunft angekommen, heißt es: alles waschen! Und damit meine ich ALLES! Ganz besonders wichtig sind auch die Zwischenräume der Reißverschlüsse, sodass wir den ganzen Garten mit unserem frisch gewaschenen Gepäck bestücken, um es zu trocknen.

Nach wenigen Tagen kommen wir bei unserem eigentlichen Ziel an: einem Schildkrötenprojekt. Der Plan war, dass wir die Schildkröteneier am Strand einsammeln und in einem geschützten Bereich wieder einbuddeln, damit mehr Babys die Chance haben, zu überleben. Leider hat sich schnell rausgestellt, dass wir zur falschen Jahreszeit da sind und wir leider nicht viel helfen konnten. Das wurde uns vorher nicht mitgeteilt und so haben wir kurzer Hand die Aufenthaltszeit hier verkürzt und noch einen anderen Flecken der Insel zum Erholen genutzt.

Weiter geht es für uns dann über die Cameron Highlands zu der größten Blume der Welt: der Rafflesia. Die Wanderung dorthin ist sehr anspruchsvoll, doch die Dschungeltour hat sich auf jeden Fall gelohnt.

Da wir beide schon ein bisschen von Thailand gesehen haben, sind wir von Bangkok aus, direkt mit dem Nachtzug, weiter in den Norden gefahren. Es war ein wunderbares Erlebnis und wir konnten bestens schlafen. Nach ein paar schönen Geschehnissen und Besuchen in den verschiedensten Tempeln, ging es für uns mit dem Slow Boot weiter über den Mekong in Laos.

Zwei Tage nur auf einem Boot zu verbringen, entschleunigt total. Einfach da zu sitzen und zu beobachten, was an einem vorbei huscht ist magisch. Obwohl wir schnell unterwegs sind und versuchen viel zu sehen, schätze ich diese Momente ganz besonders. Carola und ich können über alles reden. Meine Reise wird immer wertvoller, da ich jetzt eine Gesprächspartnerin und eine Freundin immer an meiner Seite habe.

In Laos besuchen wir unter anderem die Kong Lor Höhle. Die Anreise meistern wir super. Als wir am nächsten Tag weiter möchten, stellen wir fest, dass es vorerst keinen Bus geben wird, der hier hält und der uns mitnehmen könnte.

Wir finden ein TukTuk und somit startet ein abenteuerlicher Tag. Wir verständigen uns mit Händen und Füßen und schreiben unser Tageszielort auf einen Zettel. Wie auch immer, schaffen es die Einheimischen, uns immer so weiterzuleiten, dass wir nach einem Tag und vielen Stunden des Zweifelns und Wartens tatsächlich dort ankommen.

Genau in diesen Momenten bin ich so dankbar für meine wundervolle Reisebegleitung. Im Nachhinein ist es einer meiner schönsten Reiseerfahrungen, einfach Vertrauen in die Menschen zu haben und zu wissen, dass alles gut ausgeht.

In der Situation selbst, hätte ich allein auf jeden Fall die Nerven verloren. Zwischendurch saßen wir in einer kleinen, hüttenähnlichen Bushaltestelle und uns wurde über 2 Stunden lang erklärt, dass gleich auf jeden Fall ein Fahrzeug kommt. Dadurch, dass wir zu zweit waren, konnten wir uns unterhalten und auch gegenseitig Mut zu sprechen.

Alle Erlebnisse mit Carola sind besonders. Wir können über alles reden und wenn mir mal die englischen Wörter fehlen, versteht sie es zur Not auch irgendwie auf Deutsch. Die Intensität der Gespräche lerne ich total zu schätzen. Auch ist es mal schön, all das erlebte mit jemandem zu teilen und sich gemeinsam daran zu erinnern.

Wir haben insgesamt fast vier Monate 24/7 miteinander verbracht, in einem Bett geschlafen und auf engstem Raum zusammengelebt. Das ist bis heute die intensivste und längste zusammenhängende Zeit, die ich je mit jemandem verbracht habe. Oft macht man ja doch auch im normalen Leben zwischendurch noch andere, getrennte Sachen.

Auch in unserer Reiseplanung und in dem Budget sind wir uns immer einig. Denn auch das ist wichtig, wenn es um die Entscheidung der Unterkünfte oder der Transportmittel geht. Asien ist zum Glück eh recht günstig. Dennoch, wenn man die Zimmer immer allein zahlt und sich jetzt alles teilen kann, freut es das Budget auf jeden Fall.

Eines Tages war es für mich ganz klar und ich dachte mir: „Es wird Zeit, nach Hause zu fliegen." Die Reisekasse schrumpft und ich bin bereits sehr lange unterwegs. Es ist selbstverständlich, dass ich mit Carola noch ewig reisen könnte. Wir haben am Anfang darüber gesprochen, wohin wir auf jeden Fall gemeinsam möchten.

Als nächstes erreichen wir Kambodscha. Hier buchen wir uns ein schöneres Hotel mit Pool und erledigen alles für unser Visum nach Vietnam. Ich nehme mir die Zeit, um mich mit der Geschichte des Landes etwas zu befassen und lese eins der bekanntesten Bücher *First They Killed My Father/Der weite Weg der Hoffnung*. Den Besuch auf den Killing Fields spare ich mir, dennoch kann ich nun etwas besser verstehen, was hier passiert ist und dass das Land sich gerade erst erholt. Wir sammeln nämlich nicht die besten Erfahrungen mit den Locals und machen uns bald auf den Weg nach Angkor Wat. An nur einem Tag schauen wir uns diese beeindruckenden Tempel an und kommen aus dem Staunen nicht heraus. Es ist tatsächlich ein magischer Ort. Unendlich groß und es gibt so viel zu entdecken. Wir verbringen mal wieder einen sehr glücklichen Tag zusammen.

Leider kann uns Kambodscha sonst nicht so sehr begeistern und wir überlegen, wie wir unsere Reiseziele weiter gestalten. Eines Morgens kommt Carola zu mir und sagt: „Du, ich werde nach China fliegen. Ich möchte unbedingt die chinesische Mauer sehen und das macht von hier aus gerade am meisten Sinn. Kommst du mit?“ Ich bin etwas überrascht und weiß nicht genau, ob ich mitfliegen soll oder nicht. Unsere gemeinsame Zeit hat mich total geprägt und durch die verfrühte Abreise, hätten wir dann noch weniger Tage zusammen als geplant. Ich überlege eine Weile und entscheide mich dann dafür. Ich gehe zu ihr mit einem breiten Lächeln und sage: „Carola, na klar bin ich dabei! Ich kann doch nicht deine Fotos auf der chinesischen Mauer ansehen und selbst nicht dabei gewesen sein.“ Wir lachen kurz und buchen unsere Flüge. Ein neues Land, was wir nicht auf der Liste hatten, macht uns total euphorisch.

Wenige Tage später fällt mir auf, dass ich jetzt über ein Jahr in der Sonne verbracht habe und wir im Dezember bei Minusgraden in Peking stehen werden. Na das kann ja was werden...

Von Kambodscha fahren wir mit dem Bus nach Vietnam und lernen ein paar lustige Leute kennen. Gemeinsam starten wir in Ho Chi Minh City. Die Stadt gefällt uns sehr. Von hier aus machen wir alle einen Ausflug zu den bekannten Củ Chi Tunneln. Während des Vietnamkriegs wurden die Tunnel von den Vietcongs als Kampfstützpunkt genutzt. Die Tunnelsysteme wurden immer weiter ausgebaut und waren nachher auf bis zu drei Ebenen mit 3 m, 6 m und 10 m Tiefe und über 200 km Länge. Es entstanden also unter der Erde ganze Städte und Schulen, Schlafgelegenheiten und Krankenhäuser. Alles verbunden mit Tunneln, die ca. 60 cm breit und 80 cm hoch waren.

Wir dürfen sogar eine Weile hindurchkriechen. Diese Abschnitte wurden extra für Touristen vergrößert. Ein absolut beklemmendes Gefühl und ich merke, wie langsam die Panik in mir aufsteigt. Nach links und rechts kann ich nicht. Vor und hinter mir meine neuen Bekannten. Es ist echt super eng und ich bin ja recht groß. Langsam fange ich an zu schwitzen und bin mehr als froh, als ich den Ausgang sehen kann. Total verdreckt, zitternd und mit kleinen Schürfwunden, schaffe ich es nach draußen.

Anschließend gehen wir ins Kriegsmuseum, sehen viele schlimme Bilder und lesen über unglaubliche und leider wahre Geschichten. Dieses Erlebnis lässt uns alle in einer sehr bedrückten Stimmung zurück. Vorallem auch nach diesem Tag, folgen unzählige gute Gespräche mit Carola.

Da Freud und Leid oft eng beieinanderliegen, sieht ein anderer Tag von unserer neuen Gruppe wieder mehr Spaß vor. In Mũi Né angekommen, machen wir uns zu einem Ausflug auf, der Abenteuer und Spaß verspricht. Wir starten im Fishing Village, beobachten das Treiben der Fischer zur frühen Stunde, fahren Quad in den Sanddünen und testen anschließend das Sandsliding, wobei man mit einer Matte die Sanddünen runterdüst.
Die Zeit in Vietnam vergeht wie im Flug und wir müssen uns noch dringend um unser China-Visum kümmern. Mehrmals haben wir es probiert und immer fehlte uns noch etwas.

Die letzte Chance ist in Hội An. Wir haben alles gut vorbereitet und eine Mappe mit allen Reisedaten und Infos zusammengestellt. Nach einem Besuch der Halong Bay, versuchen wir unser Glück erneut bei der chinesischen Botschaft.

Es scheint alles zu klappen und einen Tag vor Abflug holen wir unser Visum ab. Kurz bevor die Botschaft schließt, halten wir unseren Reisepass mit gültigem Visum in den Händen. Nach einem letzten Check kann ich es nicht fassen: „Carola, das ist nicht mein richtiges Geburtsdatum! Oh mein Gott!" Schnell stürzen wir zum Schalter zurück, die Dame verweist uns auf den nächsten Tag und schon fast mit Tränen in den Augen kann ich ihr erklären, dass wir bereits in wenigen Stunden im Flugzeug sitzen und ich leider jetzt noch die Änderung benötige. Nach vielen guten Worten, kann sie es dann doch noch fix ändern und unserer letzten Etappe steht nichts mehr im Wege.

Die letzten Tage meiner Reise und mit Carola, verbringe ich also in China. In Shanghai angekommen, muss ich mir erstmal wärmere Sachen zulegen. Ich werde schnell fündig und bin zumindest mit einer Winterjacke, Mütze, Schal und Handschuhen gut ausgestattet. Die Stadt gefällt uns sehr gut und es gibt einiges zu erkunden. Mit dem Zug fahren wir weiter nach Xi'an, um die Terrakotta-Armee zu besichtigen. Solche Orte sind für mich ausgesprochen beeindruckend. Es ist ein Mausoleum für Qín Shǐhuángdìs, einem Kaiser, der 210 v. Chr. darin beigesetzt wurde. Das verrückte ist, dass es eines der größten Grabstätten überhaupt ist und erst 1974 zufällig durch Bauern entdeckt worden ist. (Als ich damals da war, waren die Ausgrabungen noch längst nicht fertig. Viele Figuren waren in allerbestem Zustand und auch die Farben vieler Soldaten, waren noch sehr gut zu erkennen.)

Der nun wirklich letzte Stopp ist Peking. Da es so eiskalt ist, bewegen wir uns mit dem Taxi fort. Steigen nur schnell aus, um uns etwas anzuschauen und rennen direkt wieder zurück, in die Wärme des Autos. Einige meiner Bilder sind verschwommen, weil meine Hände so gezittert haben und ich meine Kamera nicht gerade halten konnte.

Das Highlight steht uns jedoch noch bevor. Die Besichtigung der chinesischen Mauer. Es ist wirklich ein Ereignis, dass ich niemals missen möchte. Umso höher wir kommen, umso besser wird das Wetter. Sodass wir später gar nicht mehr die Winterjacke, Schal und Mütze brauchen. Wir können unendlich weit schauen und sehen überall weitere Mauerstücke. Für viele Chinesen sind scheinbar wir das Highlight, denn wir sind nun auf unzähligen Familienfotos zu sehen. Hinunter geht es mit der Bobbahn, was auch unglaublich viel Spaß gemacht hat. Der Tag war sehr anstrengend. Wir versuchen einen Bus zu bekommen, der uns nach Hause bringt. Obwohl wir die gesamte Fahrt stehen müssen, fallen uns immer wieder die Augen zu.

Nun endet wirklich einer der besten und selbstbestimmtesten Abschnitte meines Lebens. Mit

Tränen in den Augen verabschiede ich mich von Carola und steige ins Taxi Richtung Flughafen. Für sie fängt das Abenteuer jetzt erst richtig an und ich folge ihrer Reise natürlich online. Ich bin so dankbar, dass wir uns zufällig, vor über einem Jahr, im Bus in Neuseeland kennen gelernt haben und nun so viel miteinander teilen können. Hin und wieder schicken wir uns Fotos mit „Weißt du noch?“ oder „Wow, das ist ja schon ewig her!“. Freundschaft kennt keine Kilometer und so werden wir für immer mit tollen Lebenserfahrungen vereint sein.

Obwohl ich der Meinung bin, dass jeder mindestens einmal im Leben allein reisen sollte, so ist es auch wundervoll, wenn du einen Menschen hast, mit dem du deine Erinnerungen teilen kannst!

Carla Vollert ist eine weltenbummelnde Event Managerin. Sie reist für ihr Leben gern und hat schon sämtliche Jobs gekündigt, um die schönsten Länder dieser Welt zu entdecken.

Seit 2015 ist sie selbstständig und entscheidet nun frei, wo sie leben und arbeiten möchte. Ihre beiden Leidenschaften, das Event Management und das Reisen, hat sie miteinander vereint und 2016 die ***Backpack Stories*** gegründet. Unter dem Motto „Mit Rucksack los – mit Geschichten zurück!“ startete sie ihr Herzensprojekt mit deutschlandweiten Reiseevents. Inzwischen begeistert sie ihre Community auch mit ihrem Podcast, mehreren Reisebüchern und Onlinevorträgen, die von den unterschiedlichsten Abenteurern und Weltenbummlern unterstützt werden.

Von Reisenden – für Reisende!

SCHLUSSWORT

Ich hoffe, dass dir diese schönen Abenteuer und Begegnungen gefallen haben und wünsche dir, dass du bald selbst welche erlebst.

Man weiß nie, was einen hinter der nächsten Ecke erwartet. Also geh mutig auf Fremde zu und greife nach jeder Chance, die sich dir bietet.

Wenn du magst, dann teile deine Erfahrungen doch als nächstes auf einem meiner Events, im Podcast, in den Büchern oder bei einem Online Reisevortrag. Schon jetzt freue ich mich auf das, was du zu berichten hast und wünsche dir safe travels!

Möchtest du mit mir deine Gedanken zu deinen Reisen oder diesem Buch teilen? Dann schreib mir gerne auf **Instagram @backpackstories.event** oder direkt an:

team@backpack-stories.de

Wir freuen uns sehr, wenn dir das Buch gefällt und du uns eine positive Bewertung bei Amazon hinterlässt, damit das Buch auch von anderen schneller gefunden werden kann.

DANKE

Als allererstes möchte ich natürlich meinen Co-Autoren von Herzen danken! Ohne euch gäbe es in diesem Buch viele leere Seiten. Ich freue mich, dass ihr so offen wart und eure persönlichen Geschichten in diesem Buch niedergeschrieben habt.

Ebenfalls möchte ich mich bei allen helfenden Händen bedanken. Besonders bei Jean, die sich um die Texte gekümmert und bei Malena, die diesem Buch dieses wunderschöne Cover geschenkt hat. Danke auch an mein Schwesterherz, die den richtigen Impuls zum Buchtitel geliefert hat!

Das größte DANKESCHÖN geht allerdings an DICH! Du hast dieses Buch gekauft und das macht mich unfassbar glücklich, vielen Dank für dein Vertrauen!

Von uns allen steckt sehr viel Herzblut in diesem Projekt und ich hoffe, wir konnten dich damit begeistern.

Backpack Stories Events

Seit 2016 begeistern die deutschlandweiten *Backpack Stories Events* bereits die unterschiedlichsten Reisenden. Auf den Veranstaltungen berichten Weltenbummler von ihren Abenteuern und Erlebnissen. Sie nehmen das Publikum durch Fotos und Videos mit auf ihre Reisen. Die Bühne ist für jeden geöffnet, der Lust hat, seine Erfahrungen zu teilen. Getreu dem Motto: „Mit Rucksack los – mit Geschichten zurück!" gibt es für die Teilnehmer viel zu erleben.

Alle Eventtermine findest du unter:

www.backpack-stories.de/events

Backpack Stories Podcast

Da nicht immer alle reisebegeisterten Menschen an einem Ort sind, ist ergänzend der *Backpack Stories Podcast* entstanden. Hier interviewt Carla die Globetrotter zu den verschiedensten Themen, wie z.B. Work and Travel, Vanlife, Reisen mit Kindern und zu vielen unterschiedlichen Reisezielen. Ebenfalls teilt sie auf der virtuellen Bühne selbst ihre Geschichten und gibt dir Tipps und Tricks aus ihrem Erfahrungsschatz mit. Du findest den Podcast auf iTunes – lass doch gerne eine Bewertung da! Natürlich gibt es ihn auch in der Podcast-App deiner Wahl.

Alle Folgen, die Shownotes und die weiterführenden Links findest du unter:

<u>www.backpack-stories.de/podcast</u>

Backpack Stories TV
- von der Couch um die Welt

Backpack Stories TV
Online-Reisevorträge

Mit diesem neuen Format können Reiselustige, auch in Zeiten von Corona, die Welt entdecken und die unterschiedlichsten Abenteuer erleben. *Backpack Stories TV – von der Couch um die Welt!* ist eine Online Plattform, mit der Reisende bequem von Zuhause aus und für kleines Geld ihr Fernweh stillen können. Natürlich besteht diese Möglichkeit auch über die Reisebeschränkungen hieraus. Denn auch dann kann es zu Fernweh und regnerischen Abenden kommen, an denen ein spannendes, persönliches Reiseerlebnis richtig guttut. Als Zuschauer kommst du an die entlegensten Orte dieser Welt und musst dafür nicht mal eine aufwändige Reiseplanung machen.

Alle Vorträge findest du unter:
www.backpack-stories.de/tv

Backpack Stories Community

Carla hat online wie offline eine Reisecommunity geschaffen, die täglich wächst. Für deine Fragen und zum Austausch mit anderen Globetrottern trete doch gerne auch der Facebook-Gruppe bei:

www.facebook.com/groups/
backpack.stories.community/

Backpack Stories auf Social Media

Carla freut sich immer auf den Austausch mit Gleichgesinnten und über Anmerkungen und Wünsche für die *Backpack Stories*. Folge ihr auf Instagram oder Facebook und lass gern eine Nachricht oder einen Kommentar da.

www.facebook.com/BackpackStoriesEvent

www.instagram.com/backpackstories.event

Mit Rucksack los – mit Geschichten zurück!

Was würdest du antworten, wenn ich dich nach deinem absoluten Reisehighlight – deiner Backpack Story – frage?

In diesem Buch ndest du 12 spannende Reiseabenteuer, die genau diese Frage beantworten. Die schönsten Momente, die wir Autoren auf Reisen in den unterschiedlichsten Ländern erlebt haben.Von Neuseeland bis Peru, von Südafrika bis zum Nordkap sind Augenblicke entstanden, die unvergesslich bleiben. Wir nehmen dich mit auf unsere Abenteuer und möchten dich ermutigen, mehr zu reisen und dir die Welt anzusehen. Die Erlebnisse könnten unterschiedlicher nicht sein. Wir reisen im Van, mit dem Bus, im Jeep oder per Flugzeug und erinnern uns mit dir an die Geschichte unseres Lebens!

www.backpack-stories.de/buch

Abenteuer Vanlife

11 Roadtrip-Geschichten über Fernweh, Freiheit und das Leben im Camper

Vanlife – der Inbegriff von Freiheit, Unabhängigkeit und Selbstbestimmtheit

Einfach in den Bulli oder Camper steigen und los geht's! Sich treiben lassen, fahren, wohin man möchte, bleiben, wo es einem gefällt. Unter dem schönsten Sternenhimmel einschlafen und vom sanften Rauschen der Wellen geweckt werden. Und dabei erkennen, wie wenig man braucht, um tatsächlich glücklich zu sein.

11 Reisende erzählen in diesem Buch ihre ganz persönliche Vanlife-Geschichte. Ob als Paar durch Südamerika, als alleinerziehende Mutter mit Kind in Portugal oder allein durch die Minusgrade Norwegens. Die Personen und ihre Erlebnisse könnten unterschiedlicher kaum sein, und doch eint sie alle dieselbe Sache: der unwiderstehliche Drang nach Freiheit.
(in Zusammenarbeit mit dem Wenn nicht Jetzt-Verlag)

www.backpack-stories.de/buch-vanlife

Backpack Stories Bücher

Einen Überblick über alle Bücher, jede einzelne Geschichte und mehr Infos zu den Autoren und wo du sie findest, erhältst du auf der Webseite.

Im Jahr 2020 sind noch viele weitere tolle Bücher geplant. Es geht um Abenteuer, Roadtrip-Geschichten, die Liebe, Freiheit, Natur-Erlebnisse, wundervolle Begegnungen und das Meer!

Wenn du wieder Lust auf neue Reiseinspiration hast, schau auf jeden Fall hier vorbei. Sobald ein neues Buch erscheint, steht es mit in der Übersicht!

www.backpack-stories.de/buecher

Printed in Germany
by Amazon Distribution
GmbH, Leipzig

18802897R00106